Francesco LA PENNA

LE FUNZIONI DELL'IPNOSI

STORIA, BENEFICI E TECNICHE DELLA PSICOTERAPIA IPNOTICA

"l'ipnotista è come il pilota alla guida della tua mente. Se la ragione terrà il freno a mano tirato, la mente mai decollerà!"

A Grazia.

Indice

Introduzione

Le persone hanno meditato e discusso sull'ipnosi per oltre 200 anni, ma la scienza non ha ancora spiegato completamente come ciò accada realmente.

Vediamo cosa fa una persona sotto ipnosi, ma non è chiaro perché lo faccia. In realtà l'ipnosi è solo un piccolo tassello di un puzzle molto più grande, un interrogativo ancora più ampio: come funziona la mente umana. È improbabile che gli scienziati giungano a una spiegazione definitiva della mente in un futuro prevedibile, quindi è probabile che l'ipnosi rimarrà come qualcosa di misterioso.

Nel primo capitolo verrà presentata una panoramica storica sull'ipnosi, dalla sua definizione all'induzione stessa, quindi l'intervento degli psichiatri i quali comprendono le caratteristiche generali dell'ipnosi ed hanno un modello di come funziona.

È uno stato di trance caratterizzato da estrema suggestionabilità, rilassamento e immaginazione accresciuta. Non è proprio come dormire, perché il soggetto è sempre sveglio.

Molto spesso viene paragonato al sognare ad occhi aperti o alla sensazione di "perdersi" in un libro o in un film. Si è pienamente cosciente, ma vengono meno la maggior parte degli stimoli che lo circondano per concentrarsi intensamente sul soggetto in questione.
Nella trance quotidiana di un sogno ad occhi aperti o di un film, un mondo immaginario ti sembra in qualche modo reale, nel senso che coinvolge completamente le tue emozioni.

Gli eventi immaginari possono causare vera paura, tristezza o felicità e potresti persino scuotere il sedile se sei sorpreso da qualcosa (un mostro che salta dall'ombra, per esempio). Alcuni ricercatori classificano tutte queste trance come forme di autoipnosi.

Milton Erickson, il principale esperto di ipnotismo del 20° secolo, ha sostenuto che le persone si ipnotizzano quotidianamente. Ma la maggior parte degli psichiatri si concentrano sullo stato di trance provocato dal rilassamento intenzionale e dagli esercizi di concentrazione.

Questa ipnosi profonda viene spesso paragonata allo stato mentale rilassato tra veglia e sonno, le tecniche dell'ipnosi saranno trattate nel secondo capitolo del presente lavoro, inserendole in un contesto funzionale, quindi valutando come queste tecniche possano, ad esempio, aiutare il paziente a liberarsi dal dolore.
Se l'ipnotizzatore suggerisce che la lingua si è gonfiata fino a due volte la sua dimensione, il paziente sentirà una sensazione in bocca e potrebbe avere difficoltà a parlare.

Se l'ipnotizzatore suggerisce di bere un frappè al cioccolato, assaggerà il frullato e sentirà rinfrescare la bocca e la gola. In questo speciale stato mentale, le persone si sentono disinibite e rilassate.
Presumibilmente, questo è perché eliminano le preoccupazioni e i dubbi che normalmente tengono sotto controllo le loro azioni. In questo stato, si è anche altamente suggestionabile.
Cioè, quando l'ipnotizzatore dice di fare qualcosa, probabilmente verrà eseguita dal paziente, ecco perché nel terzo ed ultimo capitolo si è sentita l'esigenza di affrontare i pericoli , se presenti, dell'ipnosi, ponendo l'accento su aspetti quali la coercizione dell'ipnosi o la de-ipnotizzazione.

Capitolo I

Ipnosi: Storia e definizione

1.1 Definizione di ipnosi

Il termine "ipnosi" indica un'interazione tra una persona e un'altra persona o persone, il "soggetto" o "soggetti".
Le comunicazioni verbali che l'ipnosi utilizza per raggiungere questi effetti sono chiamate "suggerimenti". I suggerimenti differiscono dai tipi di istruzioni di tutti i giorni in quanto implicano che una risposta di "successo" è vissuta dal soggetto come avente una qualità di involontarietà o di facilità.
I soggetti possono imparare a seguire le procedure ipnotiche per conto proprio, e questo è definito "autoipnosi". Come osserva Wagstaff, trovare una definizione di ipnosi su cui gli studiosi possano concordare si è rivelato un compito erculeo che ha eluso i migliori sforzi di individui e comitati. La revisione proposta da Wagstaff della definizione di ipnosi dell'APA[1], è una delle migliori. L'inclusione del termine presunto è particolarmente importante, in quanto non è impegnativo rispetto alla questione se le procedure ipnotiche producono uno stato specificamente ipnotico.
Ciò può consentire l'accettazione della definizione da parte di studiosi con opinioni teoriche sostanzialmente diverse sull'argomento.
L'ipnosi può esistere anche se il presunto stato alterato non esiste, allo stesso modo in cui esistono le sedute anche se la comunicazione con i morti non esiste.
Esistono due approcci per definire l'ipnosi[2].
Una è una definizione ristretta in cui l'ipnosi è legata alla somministrazione di un'induzione ipnotica[3] o all'accettazione dell'idea che si è in uno stato ipnotico.

Esiste anche un approccio più ampio alla definizione dell'ipnosi, secondo il quale l'ipnosi è definita come un dominio di fenomeni caratteristici, alla quale è centrale la somministrazione di suggerimenti fantasiosi(4).

Suggerimenti fantasiosi è un termine coniato da Braffman e Kirsch(5) per descrivere i tipi di suggerimenti utilizzati nelle scale dell'ipnosi, come distinti da altri tipi di suggerimenti (ad esempio, quelli associati all'effetto placebo e all'effetto disinformazione).

----

1 American Psychological Association, Division of Psychological Hypnosis. (1994). Definition and description of hypnosis. Contemporary Hypnosis, 11, 142–162.

2 Kirsch, I., Cardeña, E., Derbyshire, S., Dienes, Z., Heap, M., Kallio, S., . . . Whalley, K. (2011). Definitions of Hypnosis and Hypnotizability and their Relation to Suggestion and Suggesitibility: A Consensus Statement. Contemporary Hypnosis & Integrative Therapy, 28(9), 107–115.

3 Ibidem

4 Hilgard, E. R. (1973). The domain of hypnosis: With some comments on alternate paradigms. American Psychologist, 28, 972–982.

5 Braffman, W., & Kirsch, I. (1999). Imaginative suggestibility and hypnotizability: An empirical analysis. Journal of Personality and Social Psychology, 77(3), 578–587.

In generale, il dominio dell'ipnosi comprende la risposta a suggerimenti immaginari senza l'induzione dell'ipnosi, indipendentemente dalla presenza o assenza di uno stato ipnotico.

Le preferenze tra questi approcci ristretti e ampi per definire l'ipnosi variano e non sembrano correlate con posizioni teoriche sulla questione dello stato alterato[6].
Wagstaff sostiene fortemente una definizione ristretta; un'ampia definizione porta a una terminologia contorta, come "ipnosi ipnotica" e "non ipnosi ipnotica".

Tuttavia, questo risulta dalla miscelazione di definizioni ristrette e ampie. L'uso coerente dei termini dell'uno o dell'altro non deve comportare contorsioni verbali.

Una preoccupazione centrale sollevata da Wagstaff è che qualsiasi definizione che non includa la nozione di uno stato alterato perde di vista le origini etimologiche del termine. Tuttavia, ci sono molti esempi di definizioni scientifiche che sono state modificate in risposta ai progressi empirici e teorici.

Secondo la maggior parte delle definizioni del dizionario, ad esempio, la gravità è una forza con cui i corpi vengono attratti l'uno verso l'altro.

Secondo la teoria della relatività generale, tuttavia, la gravità non è una forza. Invece, è un sottoprodotto della curvatura dello spazio-tempo.

----

6 Kirsch, I., Cardeña, E., Derbyshire, S., Dienes, Z., Heap, M., Kallio, S., Whalley, K. (2011). Definitions of Hypnosis and Hypnotizability and their Relation to Suggestion and Suggesitibility: A Consensus Statement. Contemporary Hypnosis & Integrative Therapy, 28(9), 107–115

Quindi, dovremmo neutralizzare o annacquare la definizione di gravità, o dovremmo rispettare le radici etimologiche del termine, mantenere il concetto di una forza attrattiva al centro della sua definizione e quindi concludere che la gravità non esiste? Ecco alcuni esempi più vicini ad essa.

Nell'ultimo secolo, i termini mesmerismo e magnetismo animale sono stati considerati sinonimo di ipnosi.

Ciò può essere visto nelle definizioni del dizionario comune di mesmerismo e nel classico lavoro di Binet e Féré(7) sul magnetismo animale, in cui affermano che "magnetismo e ipnotismo sono fondamentalmente sinonimi"(8).

Quindi l'ipnosi del mesmerismo e del magnetismo animale(9)? Solo se accettassimo definizioni che Mesmer e i suoi seguaci non avrebbero mai riconosciuto. E non dimentichiamo che la definizione originale di ipnosi era "sonno nervoso"(10).

Se dovessimo essere fedeli alle nostre origini etimologiche, il sonno nervoso rimarrebbe la definizione di ipnosi e dovremmo tutti concordare sul fatto che l'ipnosi non esiste.

----

7 Binet, A., & Féré, C. (1888). Animal Magnetism. New York, NY: Appleton.
8 Ibidem p. 67
9 Mesmer, Franz Anton and Frankau, Gilbert (Introduction). 1948 (1779). Mesmerism By Doctor Mesmer (1779) Being the first translation of Mesmer's historic Mémoire sur la découverte du Magnétisme Animal to appear in English (translated by V.R. Meyers). London: Macdonald.
10 Braid, J. (1843). Neurypnology; or, the rationale of nervous sleep, considered in relation with animal magnetism. London, UK: John Churchill. 11 Kirsch, I. (1997). Suggestibility or hypnosis: What do our scales really measure? International Journal of Clinical and Experimental Hypnosis, 45(3), 212–225.

Uno dei problemi nel definire l'ipnosi è la sua relazione con l'ipnotizzabilità. Se l'ipnosi è definita come uno stato alterato ipotizzato (sebbene con caratteristiche sconosciute o contestate), ciò che chiamiamo ipnotizzabilità, come misurato convenzionalmente, è un termine improprio(11).

Wagstaff ne è ben consapevole e, data la sua definizione di ipnosi, ha ragione nel notare che le scale di profondità ipnotiche auto-riferite sono le misure più dirette dell'ipnotizzabilità.

Se l'ipnosi è l'accettazione del suggerimento di entrare in uno stato ipnotico, allora l'esperienza di quello stato è la sua definizione operativa.

Le risposte ai suggerimenti sono misure di suggestionabilità, non di ipnotizzabilità. Tuttavia, Wagstaff prosegue suggerendo che le attuali scale di "ipnotizzabilità", che misurano la suggestionabilità, possono essere utilizzate come misure indirette di ipnotizzabilità, a causa della loro elevata correlazione con scale di profondità ipnotiche.

Questo può metterci su un pendio scivoloso, poiché esiste già la tendenza a confondere l'ipnotizzabilità con la suggestionabilità primaria o immaginativa. Inoltre, la correlazione vale solo se è stata utilizzata un'induzione ipnotica.

----

11 Kirsch, I. (1997). Suggestibility or hypnosis: What do our scales really measure? International Journal of Clinical and Experimental Hypnosis, 45(3), 212–225.

In assenza di un'induzione ipnotica, le persone altamente suggestive rispondono bene alla suggestione ipnotica ma si considerano non ipnotizzate(12).
Ancora più importante, perché dovremmo usare le misure proxy, quando sono disponibili misure dirette valide e affidabili? Dovremmo usare i test di intelligenza piuttosto che lo stato socio-economico per misurare l'intelligenza e i livelli di alcol nel sangue piuttosto che l'impulsività per misurare l'intossicazione.

Allo stesso modo, se adottiamo la definizione proposta di Wagstaff di ipnosi, dovremmo usare scale di profondità ipnotiche, non scale di suggestionabilità, per misurare l'ipnotizzabilità.

La sua definizione proposta è buona o migliore di qualsiasi definizione ristretta di ipnosi e dovrebbe essere considerata seriamente come un'adozione consensuale contendente.

L'ipnosi è una materia valida per lo studio e la ricerca scientifica e un mezzo terapeutico comprovato. E' importante che le questioni teoriche e pratiche e le controversie che sorgono dallo studio e dall'applicazione dell'ipnosi siano studiate, spiegate e comprese all'interno delle pertinenti discipline scientifiche tradizionali.

Esempi di suggerimenti sono i seguenti; il suggerimento ideomotorio.

----

12 Mazzoni, G., Rotriquenz, E., Carvalho, C., Vannucci, M., Roberts, K., & Kirsch, I. (2009). Suggested visual hallucinations in and out of hypnosis. Consciousness and Cognition, 18, 494–499

L'idea è trasmessa da un movimento semplice e automatico di una parte del corpo, come un dito o un braccio. L'inibizione di un movimento può anche essere suggerita, come l'immobilità del braccio o la catalessia oculare.
Nel caso di suggerimenti ideo-sensoriali, si può suggerire freddezza, intorpidimento, calore o pesantezza, per esempio la mano.

Possono anche essere suggerite esperienze visive (ad esempio "Il tuo migliore amico è seduto di fronte a te"). Suggerimenti simili possono essere offerti nelle modalità uditiva, olfattiva e gustativa. In letteratura, le risposte a questo tipo di suggerimenti sono talvolta definite "allucinazioni" per comunicare la qualità della realtà che spesso il soggetto sensibile riporta.

I suggerimenti di esperienze complesse includono suggerimenti per rivivere un ricordo precoce ("regressione dell'età") e l'idea di progredire in tempo per qualche evento futuro.

Altri suggerimenti includono l'amnesia per tutti o alcuni degli eventi durante la sessione ipnotica e la distorsione del tempo (l'idea che il tempo sta rallentando o accelerando).
Con uno qualsiasi dei suggerimenti di cui sopra si può stabilire che la risposta deve avvenire dopo la conclusione dell'ipnosi.

Le persone differiscono nel grado in cui rispondono a queste procedure e la loro reattività può essere misurata da scale psicometriche standardizzate.
Una sessione di ipnosi inizia normalmente con una "induzione ipnotica", che di solito consiste in una serie di suggerimenti che indirizzano i soggetti a rilassarsi e ad assorbirsi nelle loro esperienze interiori, come sentimenti, pensieri e immagini.

Durante l'autoipnosi i soggetti attraversano questo processo sotto la propria direzione.

La procedura di induzione ipnotica è considerata importante da molti ipnotisti, i quali sostengono che è la presenza di questa procedura che definisce veramente un contesto come uno che coinvolge "suggestione ipnotica", piuttosto di "suggerimento senza ipnosi" o di ciò che viene talvolta definito "suggerimento di veglia".

Le modalità con cui i soggetti rispondono ai suggerimenti e sperimentano le loro risposte dipendono fortemente dalle esigenze e aspettative create dall'ipnosi e dal contesto in cui vengono forniti i suggerimenti: clinica, laboratorio, colloquio forense, sul palco e su un corso di formazione. Tradizionalmente, è stato considerato che l'induzione ipnotica pone il soggetto in uno stato di coscienza o "trance" speciale alterato, una proprietà della quale è una maggiore risposta ai suggerimenti.

La ricerca moderna ha messo in discussione la validità di questo modo di pensare all'ipnosi. Sintesi delle ricerche e teorizzazioni pertinenti possono essere trovate nei testi a cura di Fromm & Nash(13) e Lynn & Rhue(14) e più recentemente in articoli di Barber(15) e Lynn & Sherman(16).

----

13 Fromm, E. & Nash, M.R. (1992). Contemporary hypnosis research. New York: Guilford Press.
14 Lynn, S.J. & Rhue, J.W. (Eds.) (1991). Theories of hypnosis: Current models and perspectives. New York: Guilford Press.
15 Barber, T.X. (2000).A deeper understanding of hypnosis: Its secrets, its nature, its essence. American Journal of Clinical Hypnosis, 42, 208–272.
16 Lynn, S.J. & Sherman, S.J. (2000). The clinical importance of sociocognitive models of hypnosis:Response set theory and Milton Erickson's strategic interventions. American Journal of Clinical Hypnosis, 42, 294–315

Sebbene gli studi abbiano mostrato cambiamenti psicologici e fisiologici affidabili a seguito dell'ipnosi e in risposta a suggerimenti[17] molti sostengono che non è stato convincente, ha dimostrato che questi cambiamenti sono unici per l'ipnosi o il suggerimento ipnotico.

Quest'area è attualmente oggetto di indagine sperimentale in numerosi centri di ricerca.

Ciononostante, il concetto di "trance" può essere un termine utile per indicare lo stato di assorbimento e distacco interiore da realtà immediata che di solito è incoraggiato dall'induzione ipnotica e spesso riportato dal soggetto.

In questo senso può essere molto simile all'esperienza quotidiana di "trance".

Ciò è necessario, ad esempio, quando si è assorbiti da un po' di musica o da un sogno ad occhi aperti, o assorbiti da un libro.

Questo stato di assorbimento non sembra necessario per una risposta suggerita con successo[18], ma può darsi che abbia qualche effetto di potenziamento sulla suggestionabilità, anche se questo deve ancora essere stabilito empiricamente.

----

17 Barabasz,A., Barabasz, M., Jensen, S., Calvin, S., Travisan, M. & Warner, D. (1999). Critical event- related potentials show the structure of hypnotic suggestions is crucial. International Journal of Clinical and Experimental Hypnosis, 47, 5–22.

18 Kirsch, I. (1991). The social learning theory of hypnosis. In S.J. Lynn & J.W. Rhue (Eds.), Theorie s of hypnosis: Current models and perspectives (pp. 439-466). New York: Guilford Press.

Al contrario, ci sono buone prove che altri fattori come l'aspettativa e la motivazione avanzata danno un contributo importante all'aumento della suggestionabilità spesso osservato quando il contesto è stato definito "ipnosi" dalla somministrazione di un qualche tipo di procedura di induzione[19].

In ogni caso, sebbene possano essere molto assorbiti dalle idee e dalle immagini suggerite, i soggetti in genere mantengono la consapevolezza del loro ambiente e rispondono in modo appropriato ad esso.
Successivamente, di solito sono in grado di ricordare la maggior parte, se non tutta, di ciò a cui hanno assistito durante la sessione. Le procedure ipnotiche non sono di per sé in grado di indurre le persone a commettere atti contro la loro volontà.

Tuttavia, le esigenze del contesto in cui si svolgono le procedure possono esercitare pressioni sull'argomento affinché rispettino le istruzioni dell'ipnosi.

A parte gli studi sulla natura coercitiva dell'esperimento psicologico stesso, l'evidenza per le affermazioni di cui sopra proviene da studi sull'ipnosi di Levitt[20],

----

19 Barber, T.X. & Calverley, D.S. (1963a). The relative effectiveness of task motivating instructions and trance induction procedure in the production of 'hypnotic like' behavior. Journal of Nervous and Mental Disease, 137, 107–116.
20 Levitt, R.E.,Aronoff, G., Morgan, C.D., Overley, T.M. & Parrish, M.J. (1975). Testing the coercive power of hypnosis: Committing objectionable acts. International Journal of Clinical and Experimental Hypnosis, 23, 59–67.

O'Brian & Rabuck(21) e Orne & Evans(22).

Ne consegue che qualsiasi accusa che l'ipnosi abbia indotto una persona a impegnarsi in attività contro la propria volontà deve essere valutata da un'attenta considerazione delle influenze non ipnotiche presenti nel contesto(23).

L'ipnosi viene utilizzata in contesti sperimentali o come oggetto di indagine a sé stante o come strumento per esplorare altri fenomeni psicologici come dolore, memoria, alterazioni sensoriali o il controllo volontario del comportamento.

Più recentemente, l'ipnosi è stata sempre più utilizzata negli studi di neuro-imaging (principalmente PET) come mezzo per manipolare l'esperienza soggettiva(24).

----

21 O'Brian, R.M. & Rabuck, S.J. (1976). Experimentally produced self-repugnant behavior as a function of hypnosis and waking suggestion: A pilot study. American Journal of Clinical Hypnosis, 18, 272–276.

22 Orne, M.T. & Evans, F.J. (1965). Social control in the psychological experiment: Antisocial behavior and hypnosis. Journal of Personality and Social Psychology, 1, 189–200.

23 Heap, M. (1995a). Another case of indecent assault by a lay hypnotherapist. Contemporary Hypnosis, 12, 92–98

24 Rainville, P., Duncan, G.H., Price, D.D., Carrier, B. & Bushnell, M.C. (1997). Pain affect encoded in human anterior cingulate but not somatosensory cortex. Science, 277, 968–971

Non ci sono prove chiare che i partecipanti agli studi di laboratorio sull'ipnosi abbiano un rischio significativamente maggiore di effetti avversi rispetto ad altri tipi comuni di ricerca psicologica.

In studi di laboratorio è stato riscontrato che la maggior parte dei partecipanti che manifestano ipnosi da sola o come parte di uno studio sperimentale riferisce postumi positivi, in particolare rilassamento.

Una minoranza di partecipanti (le stime vanno dall'8 al 49%) sotto queste condizioni riportano postumi negativi[25], ma questi non sono più segnalati che dopo procedure psicologiche sperimentali che non comportano ipnosi. Inoltre, non esiste una relazione dimostrabile tra ipnotizzabilità e il verificarsi di postumi negativi.

Nelle popolazioni studentesche, dopo le procedure di ipnosi sono riportate meno postumi negativi rispetto ad altre attività universitarie, come frequentare una lezione o sostenere un esame.

In effetti, l'ipnosi è considerata l'esperienza più piacevole rispetto a queste altre attività[26].

----

25 Brentar, J. & Lynn, S.J. (1989).'Negative' effects and hypnosis: A critical review. British Journal of Experimental and Clinical Hypnosis, 6, 75–84.
26 Lynn, S.J., Myer, E. & Mackillop, J. (2000). The systematic study of negative post-hypnotic effects: Research hypnosis, clinical hypnosis and stage hypnosis. Contemporary Hypnosis, 17, 127–131.

Vi sono anche prove del fatto che le indagini che coinvolgono
procedure prolungate e noiose come la scansione PET e fMRI
sono sperimentate dai partecipanti come più tollerabili
quando si usa l'ipnosi(27).

Come per tutte le procedure sperimentali che coinvolgono gli
esseri umani, le indagini sulle quali deve essere utilizzata
l'ipnosi dovrebbero essere prima approvate dal comitato etico
di ricerca competente.

Le schede informative e i moduli di consenso dei partecipanti
devono sempre essere utilizzati e devono indicare ciò che è
noto sul rischio di postumi negativi rispetto ad altre
procedure e dovrebbero sottolineare il fatto che il partecipante
è libero di interrompere la procedura in qualsiasi momento
senza dovere dare una ragione.

Sebbene non vi siano prove del fatto che l'ipnosi rappresenti
un rischio maggiore per i partecipanti rispetto ad altre
procedure psicologiche, gli sperimentatori dovrebbero essere
consapevoli che eventuali postumi negativi che possono
verificarsi saranno probabilmente attribuiti dai partecipanti e
da altri all'uso dell'ipnosi piuttosto che ad altri fattori legati
alla situazione sperimentale o ai partecipanti stessi.

----

27 Friday, P.J. & Kubal, W.S. (1990). Magnetic resonance imaging:
Improved patient tolerance utilizing medical hypnosis. American Journal
of Clinical Hypnosis, 33, 80–84

Gli sperimentatori dovrebbero anche essere consapevoli che alcuni tipi di suggerimenti forniti durante l'ipnosi possono rendere alcuni individui più inclini alla creazione di falsi ricordi e che l'ipnosi può migliorare le risposte affettive ad alcuni stimoli, in particolare se relativo al passato del partecipante(28).

Tradizionalmente, l'ipnosi è stata associata alla memoria in due modi, vale a dire la creazione di amnesia (perdita di memoria) e ipermnesia (miglioramento della memoria). Rapporti di soggetti di amnesia oltre che a causa della normale perdita di memoria possono verificarsi sia durante che dopo le sessioni di ipnosi.

Le segnalazioni di amnesia profonda, spontanea (cioè non suggerita) durante e dopo l'ipnosi sono relativamente rare. Invece la maggior parte dell'amnesia ipnotica si verifica seguendo specifici suggerimenti da dimenticare forniti dall'ipnosi.

Il materiale dimenticato può normalmente essere recuperato seguendo un segnale predisposto dall'ipnosi, indicando che il fenomeno comporta un'interruzione del recupero della memoria piuttosto che la codifica.

Se tale segnale non viene fornito, l'amnesia tenderà a dissiparsi con tentativi successivi di ricordare.

La proporzione di soggetti che rispondono ad un suggerimento di amnesia post-ipnotica dipende dalle misure adottate; nei test standard, quando si tiene conto

----

28 Nash, M. (1987). What, if anything, is regressed about hypnotic age regression? A review of the empirical literature. Psychological Bulletin, 102, 42–52.

della reversibilità, ciò può variare dal 25% al 10% con una severità crescente di criteri(29).

I ricercatori non sono d'accordo sugli esatti meccanismi coinvolti nella produzione di amnesia ipnotica.

Alcuni sostengono che i soggetti amnesici abbiano temporaneamente perso il controllo dei loro processi di memoria, e questo è supportato dalle relazioni soggettive dei partecipanti(30).

Altri sottolineano che molti soggetti amnesici violano l'amnesia quando sono sotto pressione da ricordare o quando si crea l'attesa di violazione, indicando così che stanno rispondendo agli effetti dell'aspettativa o sono impegnati in attivi tentativi di dimenticare(31).

L'affermazione secondo cui l'ipnosi può avere proprietà ipermnesiche ha portato al suo uso da parte delle forze di polizia in numerosi paesi nel tentativo di migliorare le memorie dei testimoni di crimini.

---

29 Kihlstrom, J.F. & Register, P.A. (1984). Optimal scoring of amnesia on the Harvard Group Scale of Hypnotic Susceptibility, Form A. International Journal of Clinical and Experimental Hypnosis, 32, 51–57.
30 Cooper, L.M. (1972). Hypnotic amnesia. In E. Fromm & R.E. Shor (Eds.), Hypnosis: Research developments and perspectives (pp. 217-252). Chicago:Aldine-Atherton
31 Coe, W.C. & Sluis,A. (1989). Increasing contextual pressures to breach posthypnotic amnesia. Journal of Personality and Social Psychology, 57, 885–894.

In genere, tuttavia, le interviste per l'ipnosi forense utilizzano una varietà di tecniche che, in assenza di ipnosi, possono essere utili per aiutare i testimoni a ricordare i dettagli. Questi includono il ripristino del contesto e la possibilità di fornire report gratuiti e ininterrotti.

La domanda importante, pertanto, è "Che cosa aggiungono le procedure ipnotiche alle tecniche di miglioramento della memoria?".

La ricerca sperimentale suggerisce che l'aggiunta dell'ipnosi spesso non ha effetti sulla memoria(32) ma quando ci sono effetti, tendono ad essere limitati a situazioni che richiedono ai partecipanti di ricordare liberamente materiali significativi, come crimini filmati e incidenti in scena(33).

In tali casi, gli effetti principali possono essere:

1) Aumento delle segnalazioni di informazioni sia corrette che errate; quindi, sebbene i partecipanti possano ricordare informazioni più corrette, non sono più accurate e, in effetti, a volte l'ipnosi può avere un effetto dannoso sull'accuratezza; e

2) Una maggiore fiducia dei partecipanti nella correttezza delle loro relazioni, anche se potrebbero essere inaccurate.

----

32 American Medical Association (1985). Council on Scientific Affairs report on 'Scientific status of refreshing memories by the use of hypnosis'. Journal of the American Medical Association, 253, 1918–1923.

33 Lynn, S.J. & McConkey, K.M. (Eds.) (1998). Truth in memory. Guilford: New York

A causa dei problemi associati a questi effetti ad alcuni stati Americani è stato vietato di testimoniare in tribunale testimoni che sono stati precedentemente intervistati con l'ipnosi.

In queste linee guida si sostiene, ad esempio, che l'accuratezza delle informazioni ottenute con l'ipnosi deve essere trattata con la massima cautela; pertanto, l'ipnosi dovrebbe essere utilizzata in casi gravi come ultima risorsa quando tutti gli altri metodi di indagine sono falliti.

Inoltre, i sospetti criminali non dovrebbero essere considerati per l'ipnosi in nessuna circostanza e un testimone che può essere chiamato a fornire prove in tribunale.

Per quanto riguarda le procedure, le linee guida stabiliscono che, se viene impiegata l'ipnosi, deve essere condotta da uno psichiatra o psicologo clinico adeguatamente qualificato e l'intero colloquio deve essere filmato.

Successivamente, nel 1988, il Ministero degli Interni emise una circolare che affermava in modo più definitivo che, a causa dei rischi connessi al suo uso, l'ipnosi dovrebbe essere scoraggiata come strumento nelle indagini di polizia.

In sintesi, non ci sono prove evidenti che l'introduzione di procedure ipnotiche migliori accuratamente la memoria di un testimone di un crimine.

Al contrario, l'ipnosi può provocare falsi ricordi e confusione errata nel ricordo.

Di conseguenza, se l'ipnosi viene utilizzata per scopi investigativi, qualsiasi prova richiesta deve essere trattata con la massima cautela.

1.2 Mesmer e l'ipnosi "moderna"

La storia dell'ipnosi è piena di contraddizioni. Da un lato, una storia di ipnosi è un po' come una storia di respirazione. Come la respirazione, l'ipnosi è un tratto intrinseco e universale, condiviso e vissuto da tutti gli esseri umani fin dall'alba dei tempi. D'altra parte, è solo negli ultimi decenni che siamo arrivati a rendercene conto.

L'ipnosi in sé non è cambiata per millenni, ma la nostra comprensione di essa e la nostra capacità di controllarla è cambiata abbastanza profondamente. La storia dell'ipnosi, quindi, è davvero la storia di questo cambiamento nella percezione.

Nel 21° secolo, ci sono ancora quelli che vedono l'ipnosi come una qualche forma di potere occulto. Coloro che credono che l'ipnosi possa essere usata per compiere miracoli o controllare le menti, ovviamente, stanno semplicemente condividendo la visione del consenso prevalente per secoli.

La storia registrata è piena di scorci allettanti di rituali e pratiche che assomigliano molto all'ipnosi da una prospettiva moderna, dai "passi di guarigione" dei Veda indù ai testi magici dell'antico Egitto.

Queste pratiche tendono ad essere per scopi magici o religiosi, come la divinazione o la comunicazione con gli dei e gli spiriti.

È importante ricordare, tuttavia, che ciò che vediamo come occultismo era l'istituzione scientifica del suo tempo, con esattamente lo stesso scopo della scienza moderna: curare i mali umani e accrescere la conoscenza.

Da un punto di vista occidentale, il momento decisivo nella storia dell'ipnosi si è verificato nel 18° secolo (in coincidenza con l'Illuminismo e l'Età della ragione).

Il lavoro di Franz Mesmer(34), tra gli altri, può essere visto sia come l'ultimo fiorire dell'ipnosi "occulta" sia come il primo fiorire del punto di vista "scientifico".

Mesmer(35) è stato il primo a proporre una base razionale per gli effetti dell'ipnosi.

Sebbene ora sappiamo che la sua nozione di "magnetismo animale", trasferito dal guaritore al paziente attraverso un misterioso fluido eterico, è irrimediabilmente sbagliata, era saldamente basato su idee scientifiche attuali al momento, in particolare le teorie della gravitazione di Isaac Newton.

Mesmer è stato anche il primo a sviluppare un metodo coerente per l'ipnosi, che è stato trasmesso e sviluppato dai suoi seguaci.

Era ancora una pratica molto rituale. Lo stesso Mesmer, ad esempio, amava eseguire le induzioni di massa facendo collegare i suoi pazienti da una corda, lungo la quale poteva passare il suo "magnetismo animale".

---

34 Mesmer, Franz A. and Bloch, George. 1980. Mesmerism: A Translation of the Original Scientific and Medical Writings of F.A. Mesmer. Los Altos, CA: W. Kaufman.

35 Mesmer, Franz Anton and Frankau, Gilbert (Introduction). 1948 (1779). Mesmerism By Doctor Mesmer (1779) Being the first translation of Mesmer's historic Mémoire sur la découverte du Magnétisme Animal to appear in English (translated by V.R. Meyers). London: Macdonald

Gli piaceva anche vestirsi con un mantello e suonare musica eterea sull'armonica di vetro mentre ciò accadeva.

L'immagine popolare del Mesmer come figura carismatica e mistica può essere saldamente datata a questo tempo.

Inevitabilmente, queste trappole magiche portarono alla caduta di Mesmer e, per lungo tempo, l'ipnotismo era un interesse pericoloso da avere per chiunque fosse alla ricerca di una carriera mainstream.

Tuttavia, è rimasto il fatto che l'ipnosi ha funzionato, e il 19 ° secolo è caratterizzato da individui che cercano di capire e applicare i suoi effetti.

Chirurghi e medici come John Elliotson e James Esdaille sono stati i pionieri del suo uso in campo medico, rischiando la loro reputazione per farlo, mentre i ricercatori come James Braid[36] cominciarono a staccare gli strati oscuranti del mesmerismo, rivelando le verità fisiche e biologiche al centro del fenomeno.

Grazie alla loro persistenza e ai loro sforzi, alla fine del secolo l'ipnosi fu accettata come valida tecnica clinica, studiata e applicata nelle grandi università e negli ospedali del giorno.

----

36 Braid, J. (1855) The Physiology of Fascination and the Critics Criticized. Grant, Manchester.

Questa tendenza è continuata nel XX secolo[37], sebbene in qualche modo l'ipnosi sia stata imprigionata dalla sua rispettabilità, mentre si è impantanata in un dibattito accademico senza fine su "stato" o "non stato".

Questo enigma: l'ipnosi ha una base reale, fisica o no? - alla fine si è rivelato piuttosto sterile. Importanti cambiamenti stavano tuttavia accadendo altrove.

Innanzitutto, il centro della gravità ipnotica si è spostato dall'Europa all'America, dove hanno avuto luogo tutte le scoperte più significative del 20 ° secolo.

In secondo luogo, l'ipnosi divenne un fenomeno popolare, qualcosa che era sempre più disponibile per i non addetti ai lavori, al di fuori del laboratorio o della clinica.

Allo stesso tempo, lo stile di ipnosi è cambiato, da un'istruzione diretta emessa da una figura autoritaria (eredità del mesmerista carismatico) a uno stile più indiretto e permissivo di induzione di trance, basato su schemi linguistici sottilmente persuasivi.

Ciò è dovuto in gran parte al lavoro di terapisti come Milton H. Erickson.

Ancora più importante, forse, l'ipnosi è diventata sempre più pratica e considerata uno strumento utile per alleviare il disagio psicologico e provocare un profondo cambiamento in una varietà di situazioni.

----

37 Dillion, R. (2012). History ofHypnosis. Retrieved from http://www.mobilehypnosis.co/HistoryofHypnosis.html.

Questo tema è continuato fino ai giorni nostri.

I progressi nella scienza neurologica e nell'imaging del cervello, insieme al lavoro degli psicologi britannici Joe Griffin e Ivan Tyrrell che hanno collegato l'ipnosi al movimento Rapid Eye (REM), hanno anche contribuito a risolvere il dibattito "stato / non-stato", portando ipnosi e trance ipnotica saldamente nel regno dell'esperienza quotidiana.

Allo stesso tempo, alla coscienza della natura "ordinaria" è meglio compresa come una serie di stati di trance che entrano ed escono da sempre. La storia dell'ipnosi, quindi, è come la ricerca di qualcosa che fosse sempre ben visibile, e ora possiamo vederlo per quello che è: un fenomeno universale che è una parte inestricabile dell'essere umano.

Il futuro dell'ipnosi sarà di realizzare pienamente l'incredibile potenziale delle nostre naturali capacità ipnotiche.

"Il mesmerismo era, da un punto di vista filosofico, la più incinta di tutte le scoperte, anche se dal momento in cui appariva il mesmerismo proponeva più enigmi di quanti ne risolvesse."

La forza del mesmerismo, dovuta principalmente alle prove delle innumerevoli cure e indiscutibili risultanti dal suo uso, assicurò che il mesmerismo arrivò a costituire uno dei primi movimenti internazionali di qualsiasi tipo.

E la sua vivacità internazionale era tale che i sentimenti anti-energetici nelle scienze moderne tradizionali non riuscirono a decostruirla fino al 1920 circa.

Tuttavia, il mesmerismo non poteva essere cancellato o dimenticato lasciando tre lunghe ombre di se stesso, il primo sotto forma di ipnotismo, il secondo nelle vesti della ricerca psichica, e il terzo nei panni dei misteri energetici.

Ora nel 21° secolo con le moderne conoscenze della fisica e della tecnologia disponibili per misurare i campi energetici, gran parte di ciò che Mesmer ha scoperto può essere scientificamente dimostrato e il Mesmerismo(38) sta tornando alle arti di guarigione.

Dopo studi preliminari in una scuola monastica locale di Costanza, Franz Anton Mesmer iniziò lo studio della filosofia all'università gesuita di Dillingen, in Baviera, passando nel 1752 alla teologia, presumibilmente come studente di borsa di studio in preparazione al sacerdozio. Continuò i suoi studi dal 1753 all'Università di Ingolstadt, dove presto abbandonò la teologia.

Non si sa quando o da quale istituto di apprendimento abbia conseguito il dottorato in filosofia, ma si presume che sia stato effettivamente assegnato dalla facoltà dell'Università di Ingolstadt.

Mesmer è stato successivamente istruito a Vienna, dove ha conseguito una laurea in medicina che ha completato all'età di 32 anni.

----

38 Mesmer, Franz Anton. 1959a. Letter to Benjamin Franklin, prior to 1 November 1779. In The Papers of Benjamin Franklin, Vol. 31, November 1, 1779, through February 29, 1780 (edited by Leonard Woods Labaree et al.). New Haven, CT: Yale University Press, p. 5

Presto si è convinto che l'uso dei magneti non era necessario e ha postulato che tutti possedessero una forza magnetica, o un fluido, che collega costantemente tutti gli esseri viventi e tutti gli esseri umani viventi a qualsiasi distanza.

Mise la sua teoria in una struttura e la chiamò Magnetismo Animale.

La fonte immediata del fluido etereo di Mesmer fu il De imperio solis ac lunae di Richard Mead (1673-1754) in corpora humana et morbis inde oriundis (Londra, 1704), un'opera da cui la tesi di dottorato di Mesmer attinse abbastanza pesantemente da poter essere addirittura considerata quasi plagiato.

Mead aveva postulato con forza che la gravità produceva maree nell'atmosfera e nell'acqua e che i pianeti potevano quindi influire sull'equilibrio fluida del corpo umano.

La tesi che Mesmer(39) ha presentato per il suo dottorato era intitolata "Dissertatio physicomedica de planetarum influxu" (L'influenza dei pianeti nella cura delle malattie).

Nei contesti moderni, questo documento è erroneamente condannato come "tesi astrologica" di Mesmer.

---

39 Mesmer, Franz Anton. 1971 (1781). 'Précis historique des faits relatifs au magnétisme animal jusques en avril 1781'. In F. A. Mesmer: Le magnétisme animal, avec des notes et des commentaires de Frank A. Pattie et Jean Vinchon (edited by Robert Amadou). Paris: Payot, pp. 91–194.

Ma ai suoi tempi, la tesi ha esaminato le influenze energetiche magnetiche che si pensava fossero di natura universale. Ipnotizzatore osservò che l'azione delle influenze magnetiche; "Consiste in effetti alternati che possono essere considerati flussi di sistemi simpatici".

Gli effetti si manifestano "nel corpo umano con proprietà analoghe al magnete; ci sono poli, diversi e opposti, che possono essere comunicati, cambiati, distrutti e rinforzati; il fenomeno dell'inclinazione è anche osservabile.

"Riassumendo in seguito la sua tesi, ha indicato "la proprietà del corpo animale che lo rende suscettibile all'influenza magnetica dei corpi celesti e all'azione reciproca di quelli ambientali, mi sono sentito spinto a nominare, perché i fluidi radianza permanente in la moda del magnete, il magnetismo animale. "

Un anno dopo iniziò la pratica come membro della facoltà di medicina in quello che era uno dei centri medici più avanzati d'Europa; perché la scuola di Vienna era all'apice, grazie al patrocinio di Maria Teresa e alla guida di Gerhard van Swieten e Jan Ingenhousz.

Mentre era uno studente di medicina presso l'Università di Vienna, Mesmer rimase colpito dagli scritti del medico rinascimentale Paracelso e tentò di razionalizzare la credenza nelle influenze astrologiche sulla salute umana come il risultato delle forze planetarie attraverso un fluido sottile e invisibile.

Dopo Paracelso, molti uomini colti del sedicesimo e
diciassettesimo secolo - Glocenius, Burgrave, Helinotius,
Robert Fludd, Kircher e Maxwell credevano che nel magnete
potevano riconoscere le proprietà di quel principio universale
in base al quale le menti dipendenti dalla generalizzazione
pensavano che tutti i fenomeni naturali potessero essere
spiegati.

Questi uomini scrissero libri voluminosi, pieni di discussioni
sterili, con affermazioni non dimostrate e con argomenti
spregevoli. L'ipnotizzatore attingeva in gran parte da queste
fonti; non può essere contestato di aver letto alcuni dei molti
libri, dedicati dai primi autori allo studio del magnetismo,
sebbene tale studio è stato quindi espressamente vietato.

Mostrando alta intelligenza e insolita promessa, Mesmer era
stato abilitato a frequentare il corso di medicina presso la
Facoltà di medicina dell'Università di Vienna sotto la guida di
Van Swieten, che a tempo debito lo aveva nominato
professore.

Nell'ultimo anno del suo corso di medicina ha presentato la
sua tesi di dottorato in Medicina. Secondo la consuetudine, è
stata scritta in latino e uno o due dei testi stampati sono
sopravvissuti fino ad oggi. Una prova orale a seguito di una
scritta ebbe luogo nel novembre 1765, condotta dai capi della
Facoltà seduti su una pedana e con indosso le loro vesti
scarlatte.

Le domande e le risposte in latino hanno riguardato non solo i
principi e la pratica della medicina, ma anche il suo tema
speciale.
Nel maggio successivo gli fu conferita la laurea con il massimo
dei voti.

Il diploma originale, conservato nel Museo Kerner di Weinsburg, in Germania, dimostra la prova positiva dei risultati di Mesmer e altri punti di particolare interesse.

Con alcune omissioni insignificanti, la traduzione è la seguente: "Il dotto maestro Anton Mesmer di Meersburg in Svevia, Dottore in Filosofia, dopo aver completato diversi anni di studio della medicina e aver dato prove scritte della sua conoscenza, ci chiede di conferire lui il dottorato in medicina.

Laddove Mesmer mostrò la sua originalità, stava prendendo in mano il cosiddetto principio universale del mondo e applicandolo ai malati mediante contatto e passaggi. Tuttavia fu un suo amico, l'astronomo Maximilian Hell (1720-1792), un astronomo di corte e un sacerdote gesuita, che usò i magneti nel trattamento delle malattie e influenzò così Mesmer a condurre i suoi primi tentativi di guarigione con un magnete d'acciaio.

Mesmer era uno dei tanti medici che esploravano cure e guarigioni tramite magneti. Mesmer apparentemente ha innovato, progettato e costruito la sua versione di piastre magnetiche.
Applicando placche magnetizzate agli arti del paziente, ha influenzato le sue prime cure intorno al 1773.
Sfortunatamente, ciò che consisteva in queste placche è andato perduto.
Ma ci sono varie piastre magnetiche progettate in Giappone durante gli anni '80, che producono anche cure, e l'applicazione di deboli correnti elettromagnetiche a fratture ossee e infezioni ulcerose è stata scientificamente e medicalmente confermata come accelerare le guarigioni e le cure.

A Vienna Mesmer è stato oggetto di un'attenzione speciale da parte del pubblico a causa di un'aspra e piuttosto pubblica controversia sull'invenzione delle sue piastre magnetiche, poiché la priorità di questa invenzione è stata rivendicata dal suo precedente amico, il sacerdote gesuita che aveva il curioso nome di Maximillian Hell (a volte scritto come Hehl), professore di astronomia / astrologia all'Università di Vienna.

Mesmer ha vinto il reclamo, ma è stato rapidamente coinvolto in un'altra controversia riguardante la cura di una ragazza cieca. Poco dopo il presidente del Consiglio medico fece appello all'Imperatrice d'Austria per "porre fine a questo frastuono".

Denunciato come impostore, Mesmer lasciò Vienna per Parigi. Arrivato a Parigi nel febbraio del 1778, fondò quella che presto divenne una clinica molto redditizia in Place Vendôme, un quartiere più povero di Parigi, e un altro nel vicino villaggio di Créteil.
Ha quindi iniziato un'elaborata campagna per ottenere il riconoscimento della sua scoperta dai principali organismi scientifici francesi.

Aiutato da alcuni influenti convertiti e da una sempre crescente folla di pazienti che hanno testimoniato di essere stati guariti da tutto, dalla paralisi a ciò che i francesi chiamavano allora "Vapeurs" (vampate di calore accompagnate da attacchi nervosi e svenimenti isterici).

A Parigi Mesmer catturò l'immaginazione del pubblico e sviluppò rapidamente nuove tecniche e attrezzature per influenzare le cure.

Ciò gli ha fatto guadagnare una notevole quantità di denaro e la casa in Place Vendome è ormai troppo piccola; Mesmer acquistò l'Hôtel Bouillon in rue Montmartre, in cui fondò quattro baquet, uno dei quali per l'uso gratuito dei poveri.

Ma presto il baquet gratuito per i poveri non fu sufficiente, così Mesmer magnetizzò un albero alla fine di Rue Bondy, e nei due anni seguenti migliaia di malati si attaccarono ad esso con delle corde nella speranza di essere guariti.

Si presume che la natura e i materiali esatti delle nuove attrezzature (Baquet) siano andati persi per i posteri, ma possono ancora essere trovati con accertate indagini.

Tuttavia, l'impatto sociale, i conseguenti scandali e le straordinarie controversie emerse intorno al nome Mesmer non sono mai andati perduti.

Una volta installato a Parigi, Mesmer si affermò nella scena massonica e anche in quella occulta; i suoi amici erano numerosi e incluso il compositore Mozart.

Era un massone ed è stato determinante nella formazione di The Society of Harmony. All'interno della Società Mesmer ha tenuto lezioni e circa 300 alunni sono stati istruiti sull'uso e sui metodi del magnetismo animale. Presto ci furono più di 40 società attive in tutta la Francia.

Ha ottenuto un enorme successo con il pubblico e con l'abbonamento collegato al suo nome dai suoi allievi, è diventato un uomo ricco ed era al culmine della sua influenza.

Nel 1785 uno dei suoi allievi, in violazione della segretezza e della fiducia del suo giuramento giurato, pubblicò le dottrine di Mesmer Aphorismes des M. Mesmer, che avrebbero dovuto essere tenute segrete a tutti tranne agli studenti e ai membri di The Society of Harmony.

Mesmer aveva progettato diverse versioni di una grande vasca circolare ("Baquet"), che erano piene di "determinate sostanze" apparentemente costituite da miscele di vari metalli e frammenti di vetro.

Hanno servito a "raccogliere il magnetismo animatore" e trasferirlo e le sue qualità simpatiche ai sistemi simpatici dei pazienti.

La teoria era che le "certe sostanze" raccogliessero e amplificassero le forze magnetiche, e quindi tramite connettori portatili; le forze furono trasferite e risaturate i sistemi simpatici inerenti ai corpi dei pazienti.

I metodi utilizzati dall'Mesmer per influenzare il trasferimento tendono a impantanare un'immaginazione moderna.

I pazienti sedevano attorno alle vasche in gruppi comuni, ciascuno con in mano una bacchetta di metallo o di vetro, o un semplice filo di rame o un filo di filo, l'altra estremità del quale veniva spinta nelle sostanze nelle vasche.

Mesmer ha eretto diverse vasche circolari, ciascuna alta circa un piede, e ha sperimentato una serie di "connettori" portatili che servivano da condotti per i magnetismi animanti e ri-animanti.

Non vi è dubbio che sono state ottenute molte cure per disturbi strettamente fisici nella loro causa, ma sono state ottenute ancora più cure riguardo alla malattia mentale (psicosomatica) di origine.

Lo stesso Mesmer ha indicato che le sue "tecniche" hanno affrontato meglio quelle che oggi chiamiamo condizioni psicosomatiche.

Mesmer di solito inviava malati fisici ad altri medici e li accettava in altro modo solo se i rimedi fisici non avevano effetto.

1.3 Induzione all'ipnosi

L'ipnosi può essere raggiunta da varie induzioni formali e informali, basate su uno o più dei seguenti sei suggerimenti[40]:

1) Diminuzione della stimolazione stereocettiva e / o dell'attività motoria;

2) Aumento della stimolazione stereocettiva e / o dell'attività motoria;

3) Improvviso aumento delle emozioni negative, in particolare la paura;

4) Aumento della concentrazione attiva e coinvolgimento mentale;

5) Diminuzione delle funzioni critiche, controllo del pensiero e pensiero diretto;

6) Relazioni somatico-psichiche in cui l'ipnosi e gli stati ipnotici possono essere indotti dal digiuno, dalle droghe e così via.

Le induzioni tradizionali, basate sul rilassamento, sulla dissociazione e sull'inattività motoria (punti 1 e 4 dell'elenco precedente) e l'induzione tradizionale di ipnosi di allarme (punto 2), hanno prodotto, nella maggior parte degli studi, lo stesso tipo di stato ipnotico[41].

----

40 Unestahl, L.-E. (1982). Hypnosis in theory and practice. Orebro,Sweden: VEJE Publications, Inc

È interessante notare che Bányai(42) ha trovato una piccola differenza: le induzioni di allerta attiva avevano significativamente più probabilità di essere associate a segnalazioni di sogni gioiosi.

E nota che un improvviso aumento della paura (elemento 3) spesso produce uno stato di immobilità e catalessia di tipo ipnotico.

Il concetto di allenamento mentale nel 1969 viene cambiato il nome in allenamento mentale integrato (IMT) dopo le Olimpiadi del 1980, quando sono comparse altre forme di allenamento mentale.

Introdotto il termine ipnosi sportiva (SH) in combinazione con il sesto Congresso della Società Internazionale di Ipnosi (ISH) a Uppsala, in Svezia, nel 1973(43).

----

41 Wark, D. M. (1998). Alert hypnosis: History and applications. In W. J. Matthews & J. H. Edgette (Eds.), Creative thinking and research in brief therapy: Solutions, strategies, narratives (Vol. 2, pp. 287–306). Philadelphia, PA: Brunner/Maze

42 Bányai, É. (1980). A new way to induce a hypnotic-like alert state of consciousness: Active-alert in-duction. In L. K. A. C. Pleth (Ed.), Problems of the regulation of activity (pp. 261–273). Budapest, Hungary: Akademiai Kiado

43 Unestahl, L.-E. (1973). Hypnosis and posthypnotic suggestions. Doctoral dissertation, Uppsala University. VEJE Publications, Inc, Orebro, Sweden

Entrambi i concetti si basavano su un progetto di ricerca di 10 anni presso la UNESTAHL Uppsala University, dove sono state studiate diverse aree. Uno era l'ipnosi, l'autoipnosi e altri stati di coscienza alternativi (ACS), incluso il flusso(44).

Altre erano le relazioni tra mente e corpo, in particolare le connessioni ideomotorie applicate alle prestazioni sportive.

Il terzo argomento riguardava gli effetti dell'allenamento sistematico per migliorare i punteggi di suscettibilità ipnotica, le capacità mentali e l'attenzione nella vita di tutti i giorni.

I programmi di allenamento pratico applicato in IMT e SH sono stati sviluppati, a partire dagli anni '70, in collaborazione con 11 squadre nazionali svedesi e le squadre olimpiche per il 1976 e il 1980.

I partecipanti a quei primi incontri del 1970 fecero commenti come "Vorrei avessero il flusso ogni volta, ma sfortunatamente arriva di tanto in tanto. Non so quando arriverà, e se arriverà non me ne rendo conto fino a dopo.

Se divento consapevole di avere un flusso, scompare. " Pertanto, un obiettivo importante per la ricerca su SHS era trovare modi per aumentare il controllo del flusso.

La seconda applicazione delle tecniche SH è stata lo sviluppo di abilità mentali come messa a fuoco e attenzione.

----

44 Csikszentmihalyi, M. (2014). Applications of flow in human development and education: The collected works of mihaly Csikszentmihalyi. New York, NY: Springer

La terza area era la preparazione mentale per le carriere atletiche e le applicazioni per la stagione sportiva e la competizione attraverso la programmazione degli obiettivi, la creazione di trigger per il controllo del flusso e così via(45).

Alle Olimpiadi del 1980, c'era una relazione significativa tra i risultati degli atleti e le loro esperienze di allenamento mentale. Mentre il 29% della squadra olimpica totale aveva usato l'allenamento mentale in preparazione, i dati per i finalisti erano del 58% e per i vincitori delle medaglie il 67%(46).

La corsa è spesso usata come preparazione per la competizione. Ma molte persone non competitive si sono interessate a correre dagli anni '70 come "stile di vita".

Una delle ragioni di questo interesse sembra essere che la corsa può produrre uno stato mentale desiderabile. Questa ASC o trance sembra comportare il rilascio di Enkephalin, un peptide di oppiacei nel cervello.

Questa sostanza chimica produce un'esperienza alterata euforica, comunemente chiamata "il massimo del corridore".

Ci sono molti aspetti positivi dell'essere produttivi e organizzati in questo stato alternativo, ma c'è anche un lato oscuro.

----

45 Unestahl, L.-E. (1979). Self-control through mental training 79. Orebro, Sweden: Veje Publishing Inc.

46 Unestahl, L.-E. (1982). Hypnosis in theory and practice. Orebro,Sweden: VEJE Publications, Inc.

Coloro che partecipano a sport di resistenza.

La corsa quotidiana è diventata per alcune persone più importanti del lavoro, della famiglia o delle attività di routine. Pargman(47) ha diviso i corritori in due categorie: dedicato (CD) e dipendente (AD).

Il CD apparteneva a ciò che Glasser(48) chiamava "dipendenza positiva", mentre i corritori di AD erano così dipendenti da provare gravi sintomi di astinenza se gli fosse impedito di correre.

Un fenomeno simile legato all'allenamento si chiama allenamento o dipendenza da esercizio fisico(49).

Sembra che ci siano grandi differenze interindividuali nello stato elevato del corritore. Studiati i partecipanti di due gare, una per i corritori, l'altra per gli sciatori, per identificare chi ha segnalato il massimo di un corridore e quanto tempo ci sono voluti per raggiungere lo stato.

I tempi medi sono stati di 21 minuti di corsa e 27 minuti di sci.

----

47 Pargman, D. (1980). The way of the runner: An examination of motives for running. In R. Suinn (Ed.), Psychology in sports: Methods and applications. Minneapolis, MN: Burgess.

48 Glasser, W. (1976). Positive addiction. Oxford, England: Harper & Row

49 Landolfi, E. (2013). Exercise addiction. Sports Medicine, 43(2), 111–119.

Tuttavia, alcune persone erano in uno stato di flusso o runner dopo pochi minuti e alcuni non hanno mai raggiunto lo stato. Si è iniziato a usare quello chiamato corsa meditativa per la risoluzione dei problemi.

Ai corritori è stato chiesto di annotare un problema e di correre per almeno 30 minuti, su una pista familiare nella foresta, a una velocità uniforme, rimanendo al di sotto del 70% della frequenza cardiaca massima.

È stato detto loro che non ci doveva essere alcuna riflessione o di pensare al problema durante la corsa. Questo è stato uno studio quantitativo per esplorare i parametri di un'attività in esecuzione.

Non è stata effettuata alcuna valutazione scientifica della risoluzione avanzata dei problemi. Invece, le uniche misurazioni erano del flusso, che mostrava un flusso che appariva in media dopo10 minuti.

Questi risultati hanno avuto implicazioni pratiche per gli atleti di squadra che possono entrare facilmente nello stato di flusso, come parte della competizione.

Ma gli atleti coinvolti in brevi esibizioni, come gare da 100 metri o attività focalizzate momentanee, come il golf, necessitavano di una tecnica di induzione alternativa. Per loro era importante sviluppare i trigger per l'auto-induzione del flusso.

Le induzioni ipnotiche definiscono esplicitamente una situazione come ipnotica, facendo sì che la situazione si sviluppi coerentemente con i preconcetti che la persona ha sull'ipnosi(50).

È essenziale una presentazione accurata e adeguata dell'ipnosi, in modo che preconcetti o aspettative che le persone che hanno l'ipnosi possono essere adattate ai risultati empirici ottenuti al riguardo(51).

Le induzioni ipnotiche possono anche essere considerate come un invito per un partecipante a collaborare con un suggerimento del terapeuta(52).

Da una prospettiva cognitivo-comportamentale dell'ipnosi, e prendendo in prestito un termine dall'analisi funzionale applicata del comportamento, lo scopo dei suggerimenti nell'induzione ipnotica sarebbe "rivelare il rinforzo".

Cioè, i suggerimenti servono a fornire a un individuo l'esperienza di rispondere con successo ai suggerimenti (generalmente considerati un rinforzo) dimostrando al contempo che il processo ipnotico funziona.

----

50 Sarbin, T.R. & Coe, W. (1972). Hypnosis: A social psychological analysis of influence communication. New York: Holt, Rinehart & Winston

51 Capafons, A. (2001). Hipnosis [Hypnosis]. Madrid: Síntesis.

52 Capafons, A. (2004). Clinical applications of "waking" hypnosis from a cognitive-behavioural perspective: From efficacy to efficiency. Contemporary Hypnosis, 21, 187-201.

In questo modo, le aspettative di autoefficacia aumentano mentre aumentano le aspettative di risposta sui suggerimenti di test[53].

Un metodo di induzione ipnotica può essere visto come un gruppo di suggerimenti che si trovano su un continuum con i cosiddetti suggerimenti di test.

In questo senso d'accordo con Wagstaff[54], che considera la "trance" come un suggerimento.

Pertanto, la tradizionale separazione tra la procedura di induzione ipnotica e i suggerimenti di test ipnotici (o terapeutici) è artificiale, poiché la procedura ipnotica include suggerimenti e implicitamente ha un test per la valutazione della risposta ipnotica in un certo senso.

Esistono diversi tipi di induzione (per rilassamento, per immagini guidate, per attivazione, ecc.) che rientrano tutti nell'etichetta dell'ipnosi[55].

In effetti, se c'è qualcosa di fondamentale nella situazione ipnotica, è semplicemente la parola ipnosi.

----

53 Bandura, A. (1977). Self-efficacy: Towards a unifying theory of behavior change. Psychological Review, 34, 191-215.

54 Wagstaff, G. (1998). The semantics and physiology of hypnosis as an altered state: Towards a definition of hypnosis. Contemporary Hypnosis, 15, 149-165.

55 Kirsch, I. (1997). Suggestibility or hypnosis: What do our scales really measure?. International Journal of Clinical and Experimental Hypnosis, 3, 212-225.

L'etichettatura è un processo di base (sebbene non l'unico) utilizzato per progettare un metodo ipnotico(56).

Kirsch(57) identifica un elemento comune a tutte le procedure progettate per promuovere il comportamento ipnotico, ovvero la convinzione che la procedura sia efficace.

Mentre afferma che tutte le procedure ipnotiche sono ugualmente efficaci, suppone indirettamente che non tutte le induzioni siano uguali suggerendo che il metodo della "doppia induzione"(58) potrebbe essere meno efficiente dei metodi tradizionali(59).

Sembra probabile, infatti, che tutti i metodi di induzione non siano necessariamente ugualmente efficaci. Inoltre, ci sono poche ricerche che esaminano le condizioni specifiche che possono aumentare l'efficienza e l'efficacia dei metodi di induzione ipnotica.

----

56 Spanos, N.P. & Barber, T.X. (1976). Behavior modification and hypnosis. In M. Hersen, R.M. Eisler, & P.M. Miller (Eds.), Progress in Behavior Modification (pp. 1-43). New York: Academic Press Inc.
57 Kirsch, I. (1990). Changing expectations. A key to effective psychotherapy. Pacific Grove, California: Brooks Cole Publishing Company.
58 Bandler, R., & Gringer, J. (1975). Patterns of the hypnotic techniques of Milton H. Erickson, M.D. (Vol. 1). Cupertino, CA: Meta Publications
59 Matthews, W. J., Kirsch, I., & Mosher, D. (1985). Double hypnotic induction: An initial empirical test. Journal of Abnormal Psychology, 94, 92-95

Nell'esaminare il processo di induzione, è anche importante
considerare la credibilità del processo, che gli piaccia o no, se
le verbalizzazioni utilizzate siano adeguate agli obiettivi
pianificati, l'adeguatezza socioculturale dell'induzione, ecc.

Pertanto, l'ipnosi dell'etichetta sembra necessaria, ma non
sufficiente. Cioè, mentre l'accettazione dell'ipnosi dell'etichetta
di solito genera aspettative, anche l'induzione stessa può
servire a generarle.

Cardeña, Alarcón, Capafons e Bayot (60) hanno ottenuto
punteggi significativamente più alti in termini di suggestione
e piacevolezza usando il metodo Waking-Alert / Alert-
Hand(61) rispetto a quelli ottenuti con il metodo Active-Alert
pur essendo preferiti dai partecipanti.

Inoltre, quest'ultimo metodo ha prodotto maggiore attrito
rispetto al metodo Waking- Alert. Risultati simili sono stati
ottenuti da Reig, Capafons, Bayot e Bustillo(62) usando il
metodo di autoipnosi rapida(63):

----

60 Cardeña, E., Alarcón, A., Capafons, A., & Bayot, A. (1998). Effects on
suggestibility of a new method of Active-Alert hypnosis. International
Journal of Clinical and Experimental Hypnosis, 45, 280-294.

61 Capafons, A. (1998a). Hipnosis clínica: una visión cognitivo-
comportamental [Clinical hypnosis: A cognitive-behavioral perspective].
Papeles del Psicólogo, 69, 71-88

62 Reig, I., Capafons, A., Bayot, A., & Bustillo, A. (2001). Suggestion and
degree of pleasantness of Rapid Self-Hypnosisand its abbreviated variant.
Australian Journal of Clinical and Experimental Hypnosis, 29, 152-164

63 Capafons, A. (1998a). Hipnosis clínica: una visión cognitivo-
comportamental [Clinical hypnosis: A cognitive-behavioral perspective].
Papeles del Psicólogo, 69, 71-88.

la versione breve di tale metodo è stato preferito a quello più lungo e ha prodotto punteggi più alti su suggerimenti di test.

Tuttavia diversi autori(64) hanno scoperto che sebbene la versione completa del metodo di autoipnosi rapida fosse preferita al profilo di induzione dell'ipnosi (versione di autoipnosi)(65), non c'era nessuna differenza significativa nei punteggi dei suggerimenti di prova.

Pertanto, diversi studi indicano che la struttura e il contenuto della procedura ipnotica possono essere importanti e determinanti della suggestionabilità ipnotica.

Ciò non è probabilmente dovuto al fatto che le procedure causano un grado maggiore o minore di dissociazione, ma piuttosto perché il metodo è più piacevole, più facile da comprendere, genera meno reazioni iatrogene ed è più conforme alle aspettative dell'individuo.

Contrariamente alle idee sbagliate passate sulle procedure di psicoterapia, ricerche recenti hanno dimostrato che non tutte le forme di terapia sono ugualmente efficaci(66).

----

64 Martínez-Tendero, J., Capafons, A., Weber, V., & Cardeña, E. (2001). Rapid Self-Hypnosis: A new self- hypnosis method and its comparison with the Hypnosis Induction Profile.American Journal of Clinical Hypnosis, 44, 3-11.
65 Spiegel, H. & Spiegel, D. (1978). Trance and treatment: Clinical uses of hypnosis. New York: Basic Books 66 Pérez Álvarez, M. (1998). La psicología clínica desde un punto de vista contextual [Clinical psychology from a contextual perspective]. Papeles del Psicólogo, 69, 25-40
66 Pérez Álvarez, M. (1998). La psicología clínica desde un punto de vista contextual [Clinical psychology from a contextual perspective]. Papeles del Psicólogo, 69, 25-40"

hanno dimostrato che non tutti i metodi sono ugualmente piacevoli, efficienti, e non hanno uguali risultati(67).
La piacevolezza variabile sembra correlata al concetto di efficienza(68) e al coinvolgimento nei trattamenti psicologici. Numerosi studi hanno considerato l'efficacia e la qualità del trattamento percepite dai pazienti come variabili importanti nell'esito della terapia.

Nessun articolo, tuttavia, ha esaminato la relazione tra la piacevolezza di un metodo di induzione ipnotica e la suggestionabilità ipnotica.

Tuttavia, la piacevolezza sembra essere una variabile modulante che può aumentare l'efficacia del metodo di induzione ipnotica, promuovendo una migliore risposta ai suggerimenti del test.

Una tale variabile potrebbe anche avere importanti applicazioni cliniche, poiché gli sforzi diretti ad aumentare la probabilità delle tecniche potrebbero influire sulla qualità soggettiva del trattamento e, quindi, sulla sua efficienza, sebbene non sempre sulla sua efficacia(69).

----

67 Alarcón, A., Capafons, A., Bayot, A., & Cardeña, E. (1999). Preference between two methods of Active- Alert hypnosis: Not all techniques are created equal. American Journal of Clinical Hypnosis, 41, 269-276.
68 Seligman, M.E.P. (1995). The effectiveness of psychotherapy: The consumer reports study. American Psychologist, 50, 965-974
69 Dick, R. Van., Zitman., F.G. Linssen, A.C., & Spinhoven, P. (1991). Autogenic training and future oriented hypnotic imagery in the treatment of tension headache: Outcome and process. International Journal of Clinical and Experimental Hypnosis, 39, 6-23.

La piacevolezza di una tecnica ipnotica è un concetto molto ampio. Affinché una tecnica sia considerata piacevole, non solo non dovrebbe essere fastidiosa né creare reazioni iatrogene, ma dev'essere credibile, utile, facile da capire e facile da eseguire.

Pertanto, da una prospettiva esplorativa, si è interessati a verificare se esiste una relazione tra l'esperienza soggettiva delle sensazioni suggerite in ciascuna induzione ipnotica, la piacevolezza del metodo e il livello di suggestionabilità ipnotica dei partecipanti.

Poiché la maggior parte delle sensazioni descritte nei metodi di induzione ipnotica possono essere considerate come suggerimenti e poiché seguirle può aumentare l'autoefficacia e le aspettative di risposta, si prevede che più suggerimenti verranno eseguiti sul metodo di induzione ipnotica, più suggerimenti di test saranno eseguiti anche.

È prevedibile inoltre che più piacevole sarà l'induzione, maggiori saranno le reazioni all'interno di un determinato metodo, poiché i partecipanti riducono la contro-terapia e la reattanza.

Capitolo II

Tecniche e funzioni dell'ipnosi

2.1 Le principali tecniche ipnotiche, distinzione tra tecniche dirette e indirette

L'ipnoterapia è un processo in base al quale si aiutano le persone a utilizzare le proprie associazioni mentali, ricordi per raggiungere i propri obiettivi terapeutici.

I suggerimenti ipnotici possono facilitare l'utilizzo di abilità e potenzialità che già esistono all'interno di una persona ma che rimangono inutilizzate o sottosviluppate a causa della mancanza di formazione o comprensione.

L'ipnoterapeuta esplora attentamente l'individualità di un paziente per accertare quali apprendimenti, esperienze e capacità mentali della vita sono disponibili per affrontare il problema.

Il terapeuta facilita quindi un approccio all'esperienza di trance in cui il paziente può utilizzare queste risposte interne unicamente personali per raggiungere obiettivi terapeutici. Può essere visto come un processo in tre fasi:

1) Un periodo di preparazione durante il quale il terapeuta esplora il repertorio dei pazienti delle esperienze di vita e facilita strutture costruttive di riferimento per orientare il paziente verso il cambiamento terapeutico;

2) Un'attivazione e l'utilizzo delle capacità mentali del paziente durante un periodo di trance terapeutica;

3) Un attento riconoscimento, valutazione e ratifica del cambiamento terapeutico che ha luogo.

La fase iniziale del lavoro ipnoterapico consiste in un attento periodo di osservazione e preparazione. Inizialmente il fattore più importante in qualsiasi colloquio terapeutico è stabilire un solido rapporto, cioè un sentimento positivo di comprensione e reciproco rispetto tra terapeuta e paziente.

Attraverso questo rapporto il terapeuta e il paziente creano insieme un nuovo quadro terapeutico di riferimento che fungerà da mezzo di crescita in cui si svilupperanno le risposte terapeutiche del paziente.

Il rapporto è il mezzo con cui il terapeuta e il paziente assicurano l'attenzione reciproca. Entrambi sviluppano un insieme di accettazione reciproca.

Il terapeuta ha presumibilmente una capacità ben sviluppata di osservare e relazionarsi; il paziente sta imparando ad osservare e raggiungere uno stato di risposta all'attenzione, quello stato di estrema attenzione nel rispondere alle sfumature di comunicazione presentate dal terapeuta.

Nell'intervista iniziale il terapista raccoglie i fatti rilevanti riguardanti i problemi del paziente e il repertorio delle esperienze di vita e degli apprendimenti che verranno utilizzati a fini terapeutici.

I pazienti hanno problemi a causa delle limitazioni apprese. Sono catturati in insiemi mentali, strutture di riferimento e sistemi di credenze che non consentono loro di esplorare e utilizzare le proprie capacità al meglio.

Gli esseri umani stanno ancora imparando a usare i loro potenziali. La transazione terapeutica crea idealmente un nuovo mondo fenomenale in cui i pazienti possono esplorare i loro potenziali, liberati in una certa misura dai loro limiti appresi.

La trance terapeutica è un periodo durante il quale i pazienti sono in grado di uscire dalle loro strutture e sistemi di credenze limitati in modo da poter sperimentare altri schemi di funzionamento all'interno di se stessi.

Questi altri schemi sono in genere potenziali di risposta che sono stati appresi da precedenti esperienze di vita ma, per un motivo o per l'altro, rimangono non disponibili per il paziente.

Il terapeuta può esplorare le storie personali, i personaggi e le dinamiche emotive dei pazienti, il loro campo di lavoro, interessi, hobby e così via per valutare la gamma di esperienze di vita e le capacità di risposta che possono essere disponibili per raggiungere obiettivi terapeutici.

Mentre il terapista esplora il mondo del paziente e facilita il rapporto, è quasi inevitabile che vengano creati nuovi sistemi di riferimento e sistemi di credenze.
Questo di solito accade quando le persone si incontrano e interagiscono da vicino.

Nell'ipnoterapia questa apertura, questo spostamento di strutture mentali e sistemi di credenze sono attentamente studiati, facilitati e utilizzati.

Il terapeuta sta costantemente valutando quali limiti sono alla fonte del problema del paziente e quali nuovi orizzonti possono essere aperti per aiutare il paziente a superare tali limiti.

Nella fase preparatoria del lavoro ipnoterapico, le strutture mentali sono facilitate in modo da consentire al paziente di rispondere ai suggerimenti che verranno ricevuti in seguito durante la trance.

I suggerimenti fatti durante la trance spesso funzionano come chiavi che trasformano i processi associativi di un paziente all'interno delle serrature di alcuni quadri mentali che sono già stati stabiliti.

Numerosi lavoratori(70) hanno descritto come ciò che viene detto prima che la trance sia formalmente indotta può migliorare la suggestione ipnotica, un efficace lavoro di trance è generalmente preceduto da una fase preparatoria durante la quale aiutiamo i pazienti a creare un atteggiamento e un sistema di credenze ottimali per le risposte terapeutiche.

----

70 Weitzenhoffer, A. Tecniche generali di ipnotismo. New York: Grune e Stratton, 1957.

Un aspetto essenziale di questo atteggiamento ottimale è l'aspettativa. Le aspettative dei pazienti riguardo al cambiamento terapeutico consentono loro di sospendere i limiti appresi e le esperienze di vita negative che sono alla fonte dei loro problemi.

Una sospensione dell'incredulità e un'aspettativa straordinariamente elevata di cura sono state usate per spiegare la guarigione miracolosa talvolta raggiunta all'interno di un sistema di credenze religiose.

Una tale guarigione apparentemente miracolosa può essere intesa come una manifestazione speciale del processo più generale che si utilizza per facilitare le risposte terapeutiche nell'ipnoterapia.

La trance terapeutica è un periodo durante il quale i limiti dei soliti schemi di riferimento e credenze vengono temporaneamente modificati in modo da poter essere ricettivi ad altri schemi di associazione e modalità di funzionamento mentale che favoriscono la risoluzione dei problemi.

La dinamica dell'induzione e dell'utilizzazione della trance si considera come un'esperienza molto personale in cui il terapeuta aiuta i pazienti a trovare i propri modi individuali.

L'induzione alla trance non è un processo standardizzato che può essere applicato allo stesso modo a tutti.

Non esiste un metodo o una tecnica che funzioni sempre con tutti o anche con la stessa persona in diverse occasioni.
Per questo motivo si parla di approcci alla trance experience.

Vi sono molti mezzi per facilitare, guidare o insegnare come si potrebbe essere portati a sperimentare lo stato di ricettività che si chiama trance terapeutica. Tuttavia, non vi è un metodo universale per effettuare lo stesso stato di trance uniforme in tutti.

La maggior parte delle persone con problemi possono essere guidate a sperimentare la propria varietà unica di trance terapeutica quando comprendono che può essere utile.

L'arte dell'ipnoterapeuta sta nell'aiutare i pazienti a raggiungere una comprensione che li aiuterà a rinunciare ad alcuni dei limiti della loro comune visione del mondo di tutti i giorni in modo da poter raggiungere uno stato di ricettività verso il nuovo e creativo dentro di sé.

Una tecnica diretta fa appello alla mente cosciente e riesce ad iniziare il comportamento quando si è d'accordo con il suggerimento e vi è effettivamente la capacità di attuarlo in modo volontario.

Se qualcuno suggerisce, per favore chiudi la finestra, il paziente la chiuderà se ha la capacità fisica di farlo, e se vi sia consenso sul fatto che sia un buon suggerimento.

Se la mente cosciente avesse una capacità simile di eseguire ogni sorta di suggerimenti psicologici in modo piacevole e volontario, allora la psicoterapia sarebbe davvero una questione semplice.
Il terapeuta dovrebbe solo suggerire che il paziente rinunci a tale e tale fobia o infelicità e sarebbe la fine della questione.

Ovviamente questo non succede. I problemi psicologici esistono proprio perché la mente cosciente non sa come iniziare l'esperienza psicologica e il cambiamento di comportamento nella misura in cui si vorrebbe.

In molte di queste situazioni esiste una certa capacità per i modelli di comportamento desiderati, ma possono essere eseguiti solo con l'aiuto di un processo inconscio che si svolge a livello involontario.

Possiamo fare uno sforzo consapevole per ricordare un nome dimenticato, per esempio, ma se non riusciamo a farlo, cessiamo di provare dopo alcuni momenti di inutile sforzo.

Cinque minuti dopo il nome potrebbe apparire spontaneamente nelle nostre menti.

Cos'è successo? Ovviamente una ricerca è stata avviata a livello cosciente, ma poteva essere completata solo da un processo inconscio che è continuato da solo anche dopo che la coscienza ha abbandonato il suo sforzo.

Sternberg(71) ha esaminato i dati sperimentali a sostegno dell'opinione che una ricerca inconscia continui al ritmo di circa trenta voci al secondo anche dopo che la mente cosciente è passata ad altre questioni.

----

71 Sternberg, S. Scansione della memoria: nuove scoperte e controversie in corso. Trimestrale Journal of Experimental Psychology, 1975,22, 1-32.

Le forme indirette di suggerimento sono approcci per iniziare e facilitare tali ricerche a livello inconscio.

Quando si scopre che la coscienza non è in grado di dare un suggerimento diretto, allora possiamo fare uno sforzo terapeutico per iniziare una ricerca inconscia di una soluzione mediante un suggerimento indiretto.

La visione ingenua del suggerimento diretto che enfatizza il controllo sostiene che il paziente fa passivamente qualunque cosa il terapeuta chieda.

Nell'uso della suggestione indiretta, tuttavia, ci rendiamo conto che il comportamento suggerito è in realtà una risposta soggettiva sintetizzata all'interno del paziente.

È una risposta soggettiva che utilizza il repertorio unico del paziente sulle esperienze di vita e sull'apprendimento. Non è ciò che dice il terapeuta, ma ciò che il paziente fa con ciò che viene detto è l'essenza del suggerimento.

Nell'ipnoterapia le parole del terapeuta evocano una complessa serie di risposte interne al paziente; queste risposte interne sono la base del suggerimento.

Il suggerimento indiretto non dice al paziente cosa fare; piuttosto, esplora e facilita ciò che il sistema di risposta del paziente può fare a livello autonomo senza fare uno sforzo cosciente per dirigere se stesso.

Le forme indirette di suggestione sono ambienti semantici che facilitano l'esperienza di nuove possibilità di risposta. Evocano automaticamente ricerche e processi inconsci dentro di noi indipendentemente dalla nostra volontà cosciente.

La maggior parte di queste forme indirette sono di uso comune nella vita di tutti i giorni. In effetti, è qui che l'autore di solito riconosceva il suo valore mentre cercava mezzi più efficaci per facilitare il lavoro ipnotico.

Le forme indirette di suggerimento sono più utili per esplorare le potenzialità e facilitare le tendenze naturali di risposta del paziente piuttosto che imporre il controllo sul comportamento.

 Nelle forme più antiche e tradizionali di suggestione diretta l'ipnoterapeuta di solito continuava a suonare ripetutamente, ripetendo lo stesso suggerimento ancora e ancora. Lo sforzo apparentemente era diretto alla programmazione o all'impronta profonda della mente con un'idea fissa.

Con l'avvento della moderna psicologia psicodinamica, tuttavia, riconosciamo che la mente è in uno stato continuo di crescita e cambiamento; il comportamento creativo è in un continuo processo di sviluppo.

Mentre la programmazione diretta può ovviamente influenzare il comportamento, non aiuta a esplorare e facilitare i potenziali unici di un paziente.

L'approccio interspersale, d'altra parte, è un mezzo adatto per presentare suggerimenti in un modo che consenta all'inconscio del paziente di utilizzarli nel suo modo unico. L'approccio interspersale può operare su molti livelli.

In una sola frase possiamo intercettare una sola parola che facilita le associazioni del paziente: puoi descrivere quei sentimenti liberamente come desideri.

La parola sparpagliata associa automaticamente una valenza positiva di libertà ai sentimenti che i pazienti potrebbero aver soppresso. Può quindi aiutare i pazienti a liberare i sentimenti che vogliono davvero rivelare.

L'individualità di ciascun paziente è comunque rispettata, poiché è ammessa la libera scelta.

Erickson[72] ha illustrato come un'intera sessione terapeutica possa essere condotta intervallando parole e concetti che suggeriscono conforto, utilizzando le strutture di riferimento del paziente in modo da ottenere un sollievo dal dolore senza l'induzione formale della trance.

Una forma base di suggerimento indiretto è quella di sollevare un argomento rilevante senza dirigerlo in modo ovvio al paziente.Il modo più semplice per aiutare i pazienti a parlare delle loro madri è parlare di tua madre o delle tue madri in generale.

---

72 Erickson, M. La tecnica ipnotica interspersale per la correzione dei sintomi ed il controllo del dolore. American Journal of Clinical Hypnosis, 1966,8, 198-209

In tal modo si avvia un processo associativo naturale indiretto all'interno dei pazienti che fa apparire associazioni apparentemente spontanee sulle loro madri.

Dal momento che non si chiede direttamente della madre di un paziente, vengono ignorate le solite limitazioni degli insiemi coscienti e delle strutture mentali abituali (comprese le difese psicologiche) che una domanda così diretta potrebbe evocare.

Bandler e Grinder hanno descritto questo processo come un fenomeno trans- derivazionale - un processo linguistico di base in base al quale soggetto e oggetto vengono automaticamente scambiati a un livello strutturale profondo (inconscio).

In terapia si possono usare un processo di focalizzazione associativa indiretta per aiutare un paziente a riconoscere un problema, ad esempio attraverso osservazioni o racconterà una serie di storie e aneddoti in una conversazione apparentemente casuale.

Anche quando le sue storie sembrano non correlate, hanno tutte un denominatore comune o un'associazione focalizzata comune che egli ipotizza sia un aspetto rilevante del problema del paziente.

I pazienti possono chiedersi perché il terapeuta stia facendo una conversazione così interessante ma apparentemente non pertinente durante l'ora della terapia.
Se l'associazione comune e mirata è in effetti un aspetto rilevante del loro problema, tuttavia, i pazienti si ritroveranno spesso a parlarne in modo sorprendentemente rivelatore.

Se il terapeuta ha indovinato, nulla è perso. Il paziente semplicemente non parlerà dell'associazione focalizzata perché non vi è alcun riconoscimento e contributo particolare all'interno dei processi associativi del paziente per elevarlo a livello verbale.

Un importante valore di questo approccio interspersale è che i terapeuti possono in una certa misura evitare di imporre le proprie opinioni teoriche e preoccupazioni ai propri pazienti.

Se l'associazione focalizzata ha valore per i pazienti, i loro processi inconsci di ricerca e valutazione permetteranno loro di riconoscerlo come un aspetto del loro problema e utilizzarlo a modo loro per trovare le proprie soluzioni.

Esempi di questo processo di focalizzazione associativa indiretta per aiutare i pazienti a riconoscere e risolvere i problemi psicodinamici saranno presentati in una serie di esempi di questo volume.

Una delle prime teorie sulla reattività ipnotica fu formulata da Bernheim, che la descrisse come un'attitudine peculiare per trasformare l'idea ricevuta in un atto.

Credeva, ad esempio, che nell'esperienza ipnotica della catalessia ci fosse: "un'esaltazione dell'eccitabilità del riflesso motore-idea, che influenza la trasformazione inconscia del pensiero in movimento, sconosciuto alla volontà.

Nell'esperienza ipnotica delle allucinazioni sensoriali, egli teorizzò che il ricordo della sensazione [fosse] rianimato insieme all'esultanza dell'eccitabilità del riflesso ideo-sensoriale, che influenza la trasformazione inconscia del pensiero in sensazione o in un'immagine sensoriale" di reattività ideodinamica (Le idee possono essere trasformate in una reale esperienza di movimenti, sensazioni, percezioni, emozioni e così via, indipendentemente dall'intenzionalità cosciente) è ancora oggi sostenibile.

La teoria di utilizzo del suggerimento ipnotico sottolinea che il suggerimento è un processo di evocazione e utilizzo dei processi mentali di un paziente in modi che sono al di fuori della sua normale gamma di controllo dell'Io[73].

I processi ideodinamici possono essere evocati con un approccio interspersale che utilizza la messa a fuoco associativa indiretta come descritto nella sezione precedente.

Quando l'autore senior si è rivolto a gruppi professionali sui fenomeni ipnotici, ad esempio, ha spesso intervistato storie di casi interessanti e raccontato storie sulla levitazione delle mani o sulle sensazioni allucinatorie.

----

73 Erickson, M. e Rossi, E. Comunicazione a due livelli e la microdinamica di trance. American Journal of Clinical Hypnosis, 1976,18, 153-171

Queste vivide illustrazioni hanno avviato un processo naturale di reattività ideomotoria e ideosensoriale all'interno degli ascoltatori senza che ne siano consapevoli.

Quando ha quindi chiesto ai volontari del pubblico una dimostrazione di comportamento ipnotico, sono stati preparati per la reattività da processi ideodinamici che si stavano già svolgendo al loro interno in modo involontario a livello inconscio.

Queste risposte ideodinamiche non riconosciute possono essere spesso misurate mediante strumentazione elettronica[74].

Allo stesso modo, di fronte a un soggetto resistente possiamo circondarlo di uno o più buoni soggetti ipnotici ai quali indirizziamo i nostri suggerimenti ipnotici.

Un processo di reattività ideodinamica indiretta si svolge automaticamente all'interno del soggetto resistente mentre ascolta i suggerimenti e osserva le risposte degli altri.

È presto sorpreso dal modo in cui l'atmosfera lo influenza in modo che diventi molto più reattivo di prima.

----

74 Prokasy, W. e Raskin, D. Attività elettrodermica nella ricerca psicologica. New York: Academic Press, 1973.

2.2 Il controllo del dolore attraverso l'ipnosi

Il dolore cronico rimane un onere significativo sia per gli
individui che per la società. Il trattamento medico standard
per il dolore cronico è spesso inadeguato(75), ed è comune per i
pazienti frustrati cercare trattamenti costosi da più operatori
sanitari senza un significativo sollievo.

Sebbene una serie di approcci psicologici al trattamento del
dolore cronico abbiano dimostrato un successo importante
negli ultimi decenni, sono necessarie ulteriori e robuste
opzioni di trattamento che potrebbero essere utili alle persone
con dolore cronico.

La crescente consapevolezza dei limiti dei trattamenti del
dolore attualmente disponibili rendono l'addestramento dei
pazienti all'autoipnosi una componente attraente del
trattamento del dolore.

Ad esempio, vi sono crescenti preoccupazioni circa l'eccessiva
dipendenza dai farmaci analgesici, che può avere effetti
collaterali negativi, avere prove limitate di efficacia a lungo
termine e può comportare problemi significativi associati alla
dipendenza o alla diversione (ovvero, uso senza ricetta
medica)(76).

---

75 Turk, D. C., Wilson, H. D., e Cahana, A. (2011). Trattamento di cronico
dolore non canceroso. The Lancet, 377 (9784), 2226–2235. doi: S0140-6736
(11) 60.402-9
76 Manchikanti, L., & Singh, A. (2008). Oppioidi terapeutici: un decennio
di prospettiva sulle complessità e le complicazioni dell'uso crescente,
abuso e uso non medico di oppioidi. Pain Physician, 11 (2, Suppl.), S63- S88

Vi è una corrispondente necessità di trattamenti antidolorifici efficaci con effetti collaterali minimi negativi; non siamo a conoscenza di alcuna opzione di trattamento del dolore con meno effetti avversi rispetto all'ipnosi[77].

Nonostante la promessa di questo trattamento, tuttavia, l'accettazione generale e la ricerca sull'ipnosi continuano ad essere limitate.

Ciò può essere dovuto in parte alla mancanza di una definizione ampiamente accettata di ipnosi[78]. L'ipnosi comprende una serie di componenti, come rilassamento, attenzione focalizzata, immagini, elaborazione interpersonale e suggerimenti.

Continuano ad esserci differenze nell'opinione degli esperti riguardo a quale di questi elementi rappresenti il / i componente / i fondamentale /i dell'ipnosi, rendendo difficile determinare se un trattamento specifico debba essere classificato come ipnosi o meno.

Nonostante la mancanza di consenso, è importante per i clinici e i ricercatori specificare la definizione che usano nel loro lavoro.

---

77 Jensen, M. P., McArthur, K. D., Barber, J., Hanley, M. A., Engel, J. M., Romano, J. M., ... Patterson, D. R. (2006). Soddisfazione e effetti collaterali benefici di, analgesia ipnotica. Giornale internazionale di Ipnosi clinica e sperimentale, 54, 432-447. doi: 10.1080 / 00207140600856798

78 Barnier, A. J., & Nash, M. R. (2008). Introduzione: una tabella di marcia per spiegazione, una definizione operativa. In M. R. Nash e A. Barnier (a cura di), Ricerca sull'ipnosi contemporanea (seconda ed., Pagg. 1-18). Oxford, Inghilterra:

Secondo Kihlstrom(79): "un'interazione sociale in cui una persona, designata la materia, risponde ai suggerimenti offerti da un'altra persona, designata l'ipnotizzatore, per esperienze che coinvolgono alterazioni nella percezione, nella memoria e azioni volontarie ".

L'ipnosi è stata utilizzata per trattare ogni tipo di condizione di dolore immaginabile nei secoli e attraverso le culture. La novità dell'analgesia ipnotica sono le prove empiriche convincenti emerse negli ultimi due decenni per quanto riguarda l'efficacia e le basi meccanicistiche.

Gran parte della ricerca precedente che studiava l'analgesia ipnotica si concentrava sul dolore acuto indotto in ambienti di laboratorio o sul dolore associato a procedure mediche.

Gli studi sugli esiti clinici sul dolore acuto e cronico e gli studi neurofisiologici in laboratorio hanno dimostrato che l'ipnosi è efficace al di là dei trattamenti con placebo e che ha effetti misurabili sull'attività nelle aree cerebrali note per essere coinvolte nell'elaborazione del dolore. Altrettanto importante, recenti studi clinici forniscono risultati significativi utili all'applicazione clinica dell'ipnosi per la gestione del dolore cronico.

La successiva revisione e discussione evidenziano la rilevanza clinica di questi risultati sull'uso dell'ipnosi per il dolore cronico e presentano i problemi che riteniamo debbano essere considerati nel futuro lavoro clinico e teorico.

---

79 Kihlstrom, J. F. (1985). Ipnosi. Annual Review of Psychology, 36 anni, 385–418. doi: 10.1146 /annurev.ps.36.020185.002125

Due scoperte generali delle sperimentazioni sull'ipnosi hanno una particolare rilevanza clinica e teorica:

1) Esiste un alto grado di variabilità in risposta all'analgesia ipnotica e

2) Benefici del trattamento dell'ipnosi vanno oltre il sollievo dal dolore.

La risposta al trattamento dell'ipnosi è altamente variabile Negli studi clinici sull'ipnosi / dolore, l'analisi primaria standard confronta le differenze medie di gruppo nella riduzione del dolore tra i pazienti che ricevono il trattamento e i pazienti in una condizione di controllo (ad esempio, allenamento per il rilassamento, cure standard, attenzione).

Tuttavia, non è saggio trarre conclusioni sull'efficacia di qualsiasi trattamento basato esclusivamente sulla statistica significatività dei risultati medi.

Differenze di gruppo statisticamente significative possono emergere anche quando ci sono miglioramenti molto piccoli (cioè sostanzialmente insignificanti) nei risultati in tutti o quasi tutti i partecipanti allo studio.

Risultati più importanti, forse, non significativi possono emergere per trattamenti che hanno effetti grandi e significativi in molti partecipanti allo studio se il campione di studio è troppo piccolo o se il trattamento è altamente efficace per un piccolo sottogruppo di pazienti.

In breve, le differenze medie di gruppo ci dicono poco sulla variabilità della risposta al trattamento tra gli individui che ricevono il trattamento.

Le analisi del risponditore sono state raccomandate come strategia alternativa per determinare la significatività degli effetti del trattamento negli studi clinici sul dolore dopo che è stato stabilito un effetto terapeutico significativo[80].

In un'analisi del responder, il ricercatore identifica la quantità di miglioramento nella variabile del risultato necessaria per determinare che un miglioramento è clinicamente significativo e quindi riporta la percentuale di "responder" nelle diverse condizioni di trattamento.

Ad esempio, uno studio clinico precoce sull'ipnosi per l'emicrania ha usato la "remissione completa" come criterio che indica una risposta significativa al trattamento. Studi più recenti utilizzano una riduzione del 30% dell'intensità giornaliera media del dolore per rappresentare un miglioramento clinicamente significativo delle condizioni di dolore cronico.

Esistono una serie di misure standardizzate di ipnotizzabilità, ognuna di queste misure consiste in un'induzione ipnotica standardizzata seguita da una serie di suggerimenti (per cambiamenti nelle esperienze sensoriali, amnesia, ecc.), e il punteggio di ipnotizzabilità del soggetto è la semplice somma di risposte positive ai suggerimenti.

---

80 Dworkin, R. H., Turk, D. C., Farrar, J. T., Haythornthwaite, J. A., Jensen, M. P., Katz, N. P., ... Witter, J. (2005). Principali misure di risultato per Studi clinici sul dolore cronico: raccomandazioni IMMPACT. Pain, 113 (1–2), 9-19. doi: 10.1016 / j.pain.2004.09.012

Uno dei risultati di ricerca più coerenti è che i punteggi di ipnotizzabilità sono molto stabili, anche attraverso decenni(81).

Un'altra constatazione coerente è che l'ipnotizzabilità generale predice la risposta all'analgesia ipnotica in laboratorio. Ciò ha portato a ipotizzare che l'ipnotizzabilità potrebbe spiegare la variabilità in risposta ai trattamenti ipnotici del dolore cronico.

Tuttavia, un numero crescente di prove indica che l'ipnotizzabilità generale dimostra associazioni deboli e incoerenti con il trattamento ipnotico del dolore cronico in ambito clinico.

Le deboli associazioni con il dolore clinico e il fatto che alla maggior parte dei pazienti mostra almeno alcuni benefici del trattamento ipnotico(82) spiegano in parte il fatto che gli screening dell'ipnotizzabilità sono usati raramente negli approcci clinici per il controllo del dolore ipnotico.

Il trattamento per l'ipnosi ha benefici significativi oltre all'alleviamento del dolore I medici hanno aneddoticamente notato che la stragrande maggioranza dei partecipanti ha riferito livelli elevati di soddisfazione del trattamento indipendentemente dal fatto che abbiano sperimentato un sollievo dal dolore clinicamente significativo.

---

81 Morgan, A. H., Johnson, D. L., e Hilgard, E. R. (1974). La stabilità di suscettibilità ipnotica: uno studio longitudinale. Giornale internazionale di Ipnosi clinica e sperimentale, 22, 249–257. doi: 10,1080 /00207147408413004

82 Montgomery, G. H., Schnur, J. B., e David, D. (2011). L'impatto di suggestionabilità ipnotica in contesti di cure cliniche. Giornale internazionale di Ipnosi clinica e sperimentale, 59, 294-309. doi: 10,1080 /00207144.2011.570656

Inoltre, un'ampia percentuale di pazienti, compresi molti che non hanno riportato diminuzioni clinicamente significative del dolore medio o caratteristico durante il trattamento, hanno riferito al follow-up che hanno continuato a praticare le abilità di autoipnosi insegnate(83).

Per aiutare a capire ciò che sembrava essere un risultato anomalo, abbiamo contattato una coorte di pazienti che avevano ricevuto un allenamento di autoipnosi per determinare i motivi per cui continuavano a utilizzare le abilità di autoipnosi nonostante un'apparente mancanza di beneficio sull'intensità media del dolore giornaliero.

Coerentemente con quanto riportato dai clinici dello studio, quasi tutti i partecipanti allo studio hanno riportato alti livelli di soddisfazione nel trattamento.

Inoltre, la grande maggioranza di coloro che hanno continuato a praticare l'autoipnosi hanno riferito di aver avuto un sollievo temporaneo dal dolore quando hanno ascoltato le registrazioni audio delle sessioni di trattamento o hanno praticato l'autoipnosi da sole senza le registrazioni.

----

83 Jensen, M. P., Barber, J., Romano, J. M., Molton, I. R., Raichle, K. A., Osborne, T. L.,. Patterson, D. R. (2009). Un confronto tra autoipnosi e rilassamento muscolare progressivo in pazienti con sclerosi multipla e dolore cronico. International Journal of Clinical and Experimental Hypnosis, 57 (2), 198–221. DOI: 10,1080 / 00207140802665476

In breve, abbiamo scoperto che il trattamento dell'ipnosi ha due potenziali effetti sul dolore cronico. In primo luogo, come descritto sopra, il trattamento può comportare riduzioni sostanziali dell'intensità media del dolore che viene mantenuta fino a 12 mesi in alcuni pazienti, ma non in tutti.

Il trattamento dell'ipnosi può comportare cambiamenti sostenuti nel modo in cui il cervello elabora le informazioni sensoriali nei sottogruppi di pazienti (sottogruppi più o meno grandi, a seconda della specifica condizione del dolore studiata).

Tuttavia, per un numero maggiore di pazienti, il trattamento dell'ipnosi insegna abilità di autogestione che i pazienti possono (e la maggior parte fanno) continuare a utilizzare regolarmente e che possono provocare un sollievo temporaneo dal dolore.

Le persone che riportano cambiamenti positivi e soddisfazione per il trattamento non riportano sempre riduzioni sostanziali dell'intensità del dolore. L'uso dell'ipnosi per migliorare la qualità della vita nelle persone con dolore cronico comporta spesso concentrarsi su variabili di esito diverse dal semplice sollievo dal dolore.

I risultati chiave degli studi clinici sull'ipnosi hanno tre importanti implicazioni per massimizzare i benefici del trattamento del dolore ipnotico. In particolare, indicano che i medici dovrebbero includere suggerimenti per il sollievo dal dolore sia immediato che a lungo termine, includere suggerimenti per benefici oltre alla riduzione del dolore e utilizzare la conoscenza dei molteplici benefici dell'ipnosi per migliorare aspettative sui risultati del trattamento.

Data l'evidenza che il trattamento dell'analgesia ipnotica può comportare sia un sollievo dal dolore a lungo termine sia capacità di apprendimento che producono un sollievo immediato ma di durata più breve (cioè una questione di ore), i medici che forniscono il trattamento dell'ipnosi dovrebbero assicurarsi che prendano pieno vantaggio di entrambi questi risultati. In particolare, dovrebbero includere suggerimenti ipnotici per riduzioni "automatiche" e a lungo termine del dolore e del relativo disagio.

Dovrebbero anche fornire suggerimenti che possono facilitare l'uso e la pratica regolari di autoipnosi: e quando pratichi autoipnosi, la tua mente può facilmente entrare in questo stato di benessere e il comfort rimarrà con te per minuti e ore. . . più ti alleni, più facile e automatico sarà. . . e quanto più dureranno gli effetti benefici.

Dati gli effetti benefici accertati dell'ipnosi su altri domini di esito, suggerimenti ipnotici per affrontare anche i problemi legati al dolore cronico dovrebbero essere inclusi nel trattamento ipnotico.

Nel dolore cronico, ci sono quasi sempre sintomi associati che meritano attenzione. Ad esempio, tra il 50% e l'88% dei pazienti con dolore cronico riferisce problemi con il sonno. Per tali pazienti, possono essere forniti suggerimenti ipnotici per una maggiore capacità di addormentarsi, tornare a dormire se si svegliano e sentirsi riposati al mattino[84].

I trattamenti efficaci per il dolore cronico spesso mirano anche a un aumento dell'attività e alle risposte adattive alla risposta.

Ai pazienti che sono coinvolti nella terapia fisica o che mantengono un programma di esercizi regolari possono essere dati suggerimenti che si sentiranno sicuri nella loro capacità di impegnarsi e mantenere l'esercizio.

A coloro che soffrono di stanchezza potrebbero essere dati suggerimenti come essere in grado di attingere a una forza interiore e sperimentare riserve di energia quando necessario e appropriato.

È anche importante ricordare che le persone con dolore cronico spesso soffrono di depressione e ansia clinicamente significative e gli stati dell'umore possono essere affrontati dall'ipnosi.

L'ipnosi può anche includere suggerimenti per migliorare i livelli di attività, risposte adattive per far fronte, cognizioni adattive legate al dolore e qualità del sonno.

Pertanto, i medici dovrebbero sfruttare appieno tutti i potenziali effetti ipnotici per aiutare i pazienti a raggiungere una serie di obiettivi terapeutici; i suggerimenti dovrebbero raramente, se mai, concentrarsi esclusivamente sulla riduzione del dolore.

----

84 Jensen, M. P., Ehde, D. M., Gertz, K. J., Stoelb, B. L., Dillworth, T. M., Hirsh, A. T., Kraft, G. H. (2011). Effetti dell'allenamento di autoipnosi e ristrutturazione cognitiva sull'intensità del dolore quotidiano e catastrofica in soggetti con sclerosi multipla e dolore cronico. Internazionale Journal of Clinical and Experimental Hypnosis, 59, 45– 63. doi: 10,1080 / 00207144.2011.522892

La buona pratica prevede di dare speranza realistica ai pazienti con dolore cronico. È chiaro, sulla base dei risultati della ricerca, che non tutti i pazienti con dolore cronico sperimenteranno un sollievo dal dolore con l'ipnosi.

Ciò solleva la questione di come le aspettative per il trattamento possano essere migliorate, dato che l'aspettativa di risultato è un fattore importante che può migliorare qualsiasi intervento clinico.

A causa della nostra scoperta che la grande maggioranza dei partecipanti ai nostri studi clinici riporta alcuni benefici attraverso l'apprendimento dell'ipnosi, anche quando tali benefici non includono necessariamente il sollievo dal dolore, ora diciamo ai pazienti qualcosa come segue per migliorare le aspettative di risultato senza dare aspettative non realistiche: molti pazienti riscontrano riduzioni significative del dolore che si mantengono per un anno o più dopo il trattamento.

Altri riferiscono di usare le abilità che imparano per provare sollievo dal dolore per alcune ore alla volta quando usano l'autoipnosi per solo un minuto o due.

Ad oggi, le principali tecniche di imaging utilizzate per studiare gli effetti neurofisiologici dell'ipnosi comprendono la tomografia ad emissione di positroni (attività metabolica corticale), la risonanza magnetica funzionale (cambiamenti nel flusso sanguigno in cervello e midollo spinale) ed elettroencefalografia (elettroencefalogramma; attività elettrica corticale).

Uno dei risultati più importanti dei recenti studi neurofisiologici sul dolore è che non esiste un singolo "centro del dolore" nel cervello responsabile dell'elaborazione del dolore. Il dolore è associato all'attività e all'interazione tra un numero di aree diverse del sistema nervoso periferico e centrale, ognuna delle quali contribuisce all'esperienza complessiva del dolore.

Le aree corticali più spesso attivate durante il dolore sono il talamo, la corteccia cingolata anteriore (ACC), la corteccia insulare, le cortecce sensoriali primarie e secondarie e la corteccia prefrontale. Il contributo relativo di ciascuna di queste aree all'esperienza del dolore varia in funzione della natura degli stimoli del dolore[85].

Inoltre, l'ipnosi ha anche dimostrato di influenzare l'elaborazione della stimolazione avversa a livello del midollo spinale.

Pertanto, l'analgesia ipnotica sembra influenzare diverse aree del sistema nervoso coinvolte nell'elaborazione del dolore piuttosto che avere un singolo meccanismo unilaterale.

I suggerimenti ipnotici possono colpire specifiche aree cerebrali. I suggerimenti ipnotici per ridurre la spiacevolezza del dolore hanno influenzato l'attività nell'area corrispondente del cervello prevista (ACC) ma non in altre aree cerebrali, inclusa la corteccia sensoriale .

----

85 Apkarian, A. V., Hashmi, J. A., e Baliki, M. N. (2011). Dolore e cervello: specificità e plasticità del cervello nel dolore clinico cronico. Dolore, 152 (3, Suppl.), S49 –S64. doi: 10.1016 / j.pain.2010.11.010

Successivamente, questo gruppo di ricerca ha dimostrato che i suggerimenti ipnotici per una minore intensità del dolore hanno influenzato l'attività nella corteccia sensoriale primaria ma non hanno influenzato l'attività nell'ACC[86].

Pertanto, non solo l'induzione ipnotica, ma il contenuto dei suggerimenti ipnotici specifici è di fondamentale importanza per i benefici derivati dall'ipnosi. Le induzioni ipnotiche sono associate ai cambiamenti negli stati cerebrali coerenti con il sollievo dal dolore I neuroni corticali sparano a frequenze diverse e la velocità con cui sparano è associata a diversi stati cerebrali.

Inoltre, l'esperienza del dolore è associata a un numero maggiore di neuroni che sparano a frequenze relativamente veloci (beta, 13–30 Hz) e ad un minor numero di neuroni che sparano a frequenze più lente (alfa, 8–13 Hz).

I suggerimenti ipnotici si traducono in cambiamenti nell'attività cerebrale coerenti con quelli osservati in individui che soffrono di sollievo dal dolore; con l'ipnosi, c'è una diminuzione dell'attività beta relativa e un aumento dell'attività relativa alfa.

Pertanto, i processi neurofisiologici associati alla percezione del dolore sembrano essere correlati non solo al sito di attività ma anche a livelli di attività generali che probabilmente trascendono aree specifiche di funzioni.

----

86 Hofbauer, R. K., Rainville, P., Duncan, G. H., e Bushnell, M. C. (2001). Rappresentazione corticale della dimensione sensoriale del dolore. Diario di Neurofisiologia, 86 (1), 402–411

Pertanto, l'analgesia ipnotica può influenzare il dolore sia alterando l'attività in aree specifiche sia facilitando i cambiamenti negli stati cerebrali generali.

Ne consegue che i medici che usano l'ipnosi per la gestione del dolore dovrebbero indirizzare i loro suggerimenti alle diverse aree cerebrali che elaborano il dolore. In effetti, i clinici saranno probabilmente più efficaci se guidati dalla conoscenza delle aree cerebrali specifiche legate al dolore.

Alcuni dei domini correlati al dolore che sembrano avere specifiche associazioni corticali includono intensità e qualità (cortecce sensoriali), fastidio o spiacevolezza (ACC), senso di benessere e integrità fisica, valore di minaccia ridotto e implicazioni negative del dolore (corteccia prefrontale) e la capacità di "schermare" il disagio e di "far entrare" sensazioni confortevoli (tratto spinotalamico).

Il pensiero attuale nella fisiologia del dolore suggerisce che i suggerimenti ipnotici dovrebbero riguardare molti di questi domini piuttosto che uno di essi.

L'induzione ipnotica stessa - anche prima che vengano proposti suggerimenti per alleviare il dolore - provoca uno spostamento dell'attività cerebrale in una direzione coerente con quella di qualcuno che sta provando sollievo dal dolore.

L'ipnosi non è certamente l'unica tecnica che può essere utilizzata per spostare gli stati cerebrali.

Alcuni studi clinici che hanno confrontato l'ipnosi con l'allenamento per il rilassamento non sono riusciti a rilevare differenze nei risultati di questi due trattamenti, almeno per alleviare il mal di testa[87].

È importante sottolineare che la risposta all'allenamento di rilassamento sembra essere associata all'ipnotizzabilità. Molte strategie di meditazione hanno anche dimostrato di provocare cambiamenti nell'attività della larghezza di banda EEG coerenti con quelli che seguono l'ipnosi (cioè un aumento dei ritmi alfa più lenti).

Come questi altri trattamenti "simil-ipnotici", la fase di induzione dell'ipnosi può avere effetti analgesici in sé e per sé per alcuni pazienti.

A volte può essere difficile distinguere tra ipnosi, rilassamento / allenamento autogeno e interventi di immaginazione guidata.

Certamente, l'allenamento per il rilassamento e le immagini guidate spesso contengono elementi che assomigliano molto a un'induzione ipnotica e l'ipnosi spesso include suggerimenti per il rilassamento e l'uso delle immagini.

---

87 Patterson, D. R., e Jensen, M. P. (2003). Ipnosi e dolore clinico. Bollettino psicologico, 129, 495 -521. DOI: 10,1037 / 0033-2909.129.40,495

Comprendendo che spesso è difficile distinguere tra ipnosi, allenamento per il rilassamento e immagini guidate in una situazione clinica, si può sostenere che l'ipnosi consente ai clinici di indirizzare una varietà molto più ampia di esiti (ad esempio, cambiamenti nelle esperienze sensoriali, pensieri, emozioni ed comportamento) rispetto a molti altri trattamenti.

L'implicazione è che l'ipnosi è più potente delle semplici immagini; tuttavia, è importante riconoscere il potenziale impatto positivo delle immagini nel cambiare i processi percettivi. Per molti pazienti, comprese le immagini per la riduzione del dolore possono essere una componente potente dell'intervento ipnotico.

Molti pazienti trarranno beneficio dall'inclusione delle immagini purché non generino ricordi spiacevoli o irritanti. Tuttavia, i clinici dovrebbero rendersi conto che non tutti i pazienti apprezzano l'immaginazione o trovano facile l'elaborazione visiva e che dovrebbero essere inclusi in genere anche una varietà di altri componenti dell'ipnosi.

Un'importante revisione nei primi anni '80[88] rilevò che non c'erano studi randomizzati e controllati a supporto della sua utilità come trattamento praticabile per il dolore cronico. Sulla base dei risultati degli studi clinici e degli studi neurofisiologici si può concludere che ipnosi e analgesia ipnotica hanno effetti specifici oltre a quelli attribuibili esclusivamente ai placebo.

----

88 Turner, J. A., & Chapman, C. R. (1982). Interventi psicologici per dolore cronico: una revisione critica. II. Condizionamento operante, ipnosi e terapia comportamentale cognitiva. Pain, 12, 23– 46. doi: 10.1016 / 0304-3959 (82) 90.168-3

Tuttavia, rimane una mancanza di consenso su cosa sia l'ipnosi e ci sono importanti domande senza risposta ai meccanismi e al miglior uso clinico di questo approccio alla gestione del dolore.

2.3 Ipnosi come rimedio per la cura dei disturbi quali stress e insonnia

Derivato da "Hypnos", il dio greco del sonno, la parola ipnosi significa letteralmente sonno. Ironia della sorte, l'ipnosi non è una forma di sonno ma uno stato di maggiore concentrazione e consapevolezza.

Marmer[89] ha definito l'ipnosi come una condizione psicofisiologica della coscienza alterata costituita da consapevolezza ristretta, attenzione limitata e focalizzata, veglia selettiva e accresciuta suggestionabilità.

L'American Psychological Association Division of Psychological Hypnosis ha definito l'ipnosi come una procedura durante la quale un professionista della salute o un ricercatore suggerisce che un cliente, un paziente o un soggetto sperimenta cambiamenti di sensazioni, percezioni, pensieri, sentimenti o comportamenti.

Questa ampia definizione riconosce il ruolo della persona che fa l'ipnosi, il contesto in cui viene eseguita e il ruolo della persona che sta vivendo l'ipnosi. L'ipnosi è un modo di comunicare idee nel contesto di una relazione medico-paziente o terapeuta-cliente.

È uno strumento terapeutico per amplificare sistematicamente le dimensioni dell'esperienza e quindi associare quelle esperienze a situazioni in modi utili al paziente.

----

89 Marmer MJ. Hypnosis in Anesthesiology. Springfield, III: Charles C Thomas Publisher, 1959:20

L'ipnosi può essere utilizzata per amplificare qualunque cosa si tratti di terapia che la rende terapeutica.

Permette una vasta gamma di scelte su dove e come intervenire nei problemi del cliente.

Si ritiene che una buona sessione ipnotica, che includa opportuni suggerimenti per la contestualizzazione, produca risultati positivi che durano una vita.

Oakley(90) elenca una serie di proprietà dell'ipnosi che sono rilevanti per l'ipnosi clinica: maggiore suggestionabilità o almeno una maggiore volontà accettare suggerimenti in modo meno critico; maggiore capacità di immaginazione e di recitazione dei ruoli, in modo che gli eventi immaginati vengano vissuti come reali; un maggiore accesso ai ricordi dell'infanzia, anche se non un ritorno letterale a una fase precedente di sviluppo cognitivo; test di realtà ridotta (una maggiore tolleranza delle incongruenze logiche - la cosiddetta "logica della trance"); migliori risposte di rilassamento, che possono essere apprese e applicate in situazioni quotidiane; rapporto aumentato; aumento dell'aspettativa di esito positivo della terapia; maggiore attenzione focalizzata e maggiore capacità di distrarsi da pensieri e sentimenti estranei; un'opportunità per creare, sviluppare e controllare esperienze dissociative.

----

90 Oakley D, Alden P, Degun-Mather M. The use of hypnosis in therapy with adults. The Psychologist 1996;9:502-5

È ovvio che queste proprietà miglioreranno lo sforzo terapeutico. L'ipnoterapia si riferisce alla "psicoterapia che utilizza l'ipnosi come parte del suo trattamento".

È l'uso terapeutico dello stato ipnotico di coscienza come parte di un intervento psicoterapico al fine di migliorare l'efficacia dell'utilizzo della psicoterapia da parte del paziente.

Le terapie che possono essere facilitate dall'ipnosi comprendono il lavoro di supporto (rafforzamento dell'ego), la suggestione diretta, la sostituzione dei sintomi e l'ipnoanalisi[91].

La suggestione diretta mentre nello stato ipnotico è il metodo più comunemente usato per ridurre il disagio da dolore, prurito, sensazioni di bruciore, ansia e insonnia[92].

Il suggerimento postipnotico e l'uso ripetuto da parte del paziente di un nastro audiocassetta per l'autoipnosi aiutano a rafforzare l'efficacia del suggerimento diretto.

L'ipnotizzabilità connota la presenza di una capacità intatta di concentrarsi intensamente, una ricettività a nuove informazioni e una flessibilità in comportamento mutevole.

---

91 Gafner G. Clinical Applications of Hypnosis. New York: W. W. Norton, 2004.

92 Kirsch I, Montgomery G, Sapirstein G. Hypnosis in aggiunta a psicoterapia cognitivo-comportamentale:

Usando misure standardizzate di reattività ipnotica, livelli più
alti di ipnotizzabilità sono stati associati a fobie, disturbo da
stress post-traumatico, disturbi dissociativi dell'identità,
disturbi del sonno con incubi e disturbi alimentari.

Le tecniche di neuroimaging offrono ora nuove opportunità di
usare l'ipnosi e il post- suggerimento ipnotico come sonde o
meccanismi cerebrali e, reciprocamente, forniscono un mezzo
per studiare l'ipnosi stessa.

Dati recenti supportano l'affermazione secondo cui lo stato di
ipnosi è associato a correlati neurali distinti e quindi è più che
un gioco di ruolo o una conformità sociale.

I risultati suggeriscono che si verifica un vero cambiamento
nel cervello durante una trance ipnotica.

Sono stati studiati i meccanismi alla base di come l'ipnosi
modula le strutture neuronali che sono coinvolte nella
coscienza e nel sonno, ma non sono state ben chiarite.

Utilizzando la tomografia ad emissione di positroni,
Rainville(93) ha impiegato tecniche regionali di flusso
sanguigno cerebrale per dimostrare il coinvolgimento della
corteccia cingolata anteriore, del talamo e del tronco cerebrale
mesencefalico nella produzione dello stato ipnotico e nella
regolazione della coscienza.

----

93 Rainville P, Hofbauer RK, Bushnell MC, Duncan GH, Price DD.
Hypnosis modulates activity in brain structures involved in the regulation
of consciousness. J Cogn Neurosci 2002;14:887-901.

Usando approcci simili, Faymonville ha riportato che durante l'ipnosi è stata osservata un'attivazione diffusa che ha coinvolto le cortecce occipitale, parietale, precentrale, prefrontale e cingolata nel semplice compito di evocazione di informazioni autobiografiche.

Rainville e Price(94) hanno inoltre postulato che i meccanismi neurofisiologici alla base dell'aumento del rilassamento e dell'assorbimento durante l'ipnosi includono la modulazione dell'attività colinergica e noradrenergica ascendente.

Hanno proposto che una ridotta attività colinergica potrebbe facilitare t sincronizzazione talamocorticale e riduzione dell'eccitazione corticale.

Molti clinici riconoscono che il modo in cui i clienti rispondono ai suggerimenti dipende meno dalla natura e dal successo di una particolare induzione che dalle seguenti variabili:
a) atteggiamenti, credenze, intenzioni e aspettative pre-ipnotiche dei clienti nei confronti dell'ipnosi;

b) la loro capacità di pensare, fantasticare e assorbirsi nei suggerimenti;
c) la loro capacità di formare una relazione di fiducia con l'ipnotizzatore;

----

94 Rainville P, Price D. Hypnosis phenomenology and the neurobiology of consciousness. Int J Clin Exp Hypn 2008;51:105-29.

d) la loro capacità di interpretare i suggerimenti in
modo appropriato e di vedere le loro risposte come
efficaci;

e) la loro capacità di discernere le richieste e gli spunti
del compito;

f) la loro continua interazione con l'ipnotizzatore; e

g) l'adeguatezza dei metodi terapeutici e dei suggerimenti per trattare il problema di presentazione(95).

L'insonnia cronica primaria è stata caratterizzata come uno
stato di iperarousal.

L'iperarousal può essere visto in vari segni di attivazione
periferica e centrale e con vari sintomi e manifestazioni
comportamentali come eccessiva preoccupazione e reattività.

L'iperarousal sembra distinguere i pazienti con insonnia
primaria dai controlli, come evidenziato dalla latenza
prolungata del sonno durante il giorno nonostante
frammentato e riduzione del sonno notturno(96).

---

95 Barber TX. Hypnosuggestive procedures as catalysts for all
psychotherapies. In: Lynn SJ, Garske JP, editors. Contemporary
Psychotherapies: Models and Methods. Columbus, MO: Merrill Press,
1985:333-76

96 Drake CL, Roehrs T, Roth T. Insomnia causes, consequences, and
therapeutics: an overview. Depress Anxiety 2003;18:163-76.

Inoltre, i pazienti con insonnia cronica mostrano una varietà
di marker fisiologici che suggeriscono iperarousal del sistema
nervoso simpatico. Richardson e Roth hanno ipotizzato che:

1) l'iperattività del fattore di rilascio della corticotropina
(CRF), derivante da una diatesi genetica o da fattori di stress
precoci, porta a una risposta CRF esagerata allo stress;

2) la successiva riesposizione allo stress porta
all'amplificazione della risposta anormale allo stress, forse
attraverso cambiamenti patologici nell'ippocampo; e

3) questa sequenza porta a una marcata difficoltà a dormire in
caso di disturbi del sonno stressati, esagerati e prolungati a
seguito di stress, e infine all'insonnia cronica primaria.

Le persone con agrypniaphobia presumono che non si
addormentano e si innervosiscono così tanto da non
addormentarsi che il loro nervosismo impedisce loro di
spostarsi prontamente.

Nella gestione dell'insonnia è importante riconoscere che
l'insonnia non è semplicemente un sintomo di un altro
disturbo, ma un disturbo dell'iperarousal.

Pertanto, il trattamento deve essere diretto all'insonnia e al
disturbo da comorbilità.
Poiché l'iperarousal può precedere la manifestazione completa
dell'insonnia, il trattamento di problemi di sonno transitorio
può aiutare a fermare la spirale dell'insonnia cronica.

L'ipnoterapista Hammond[97] indica che i modelli di sonno di una percentuale significativa di pazienti con insonnia sono disturbati da:

1) iperattività cognitiva e condizioni abitudini incompatibili con il sonno; e

2) eccitazione del sistema nervoso centrale e conflitti sottostanti o inconsci o paure che disturbano il sonno.
È probabile che questi pazienti ricevano sostanziali benefici da interventi ipnoterapici.

L'insonnia acuta e cronica spesso risponde agli approcci di rilassamento e ipnoterapia, insieme alle istruzioni per l'igiene del sonno, in solo un paio di sessioni.

Becker[98] ha riferito che il 50% dei pazienti che soffrono di insonnia cronica ha sperimentato un miglioramento del proprio schema del sonno della durata di oltre 16 mesi dopo un semplice corso di trattamento di 2 sessioni.

Poiché l'ipnosi non è il sonno ma una forma di concentrazione, potrebbe sembrare paradossale usare l'ipnosi per aiutare le persone ad addormentarsi.

Tuttavia, l'ipnosi può essere utile per indurre uno stato di rilassamento fisico almeno compatibile con il sonno, diminuendo l'eccitazione simpatica solitamente associata a preoccupazione ansiosa.

----

97 Hammond DC. Handbook of Hypnotic Suggestions and Metaphors. New York: W. W. Norton, 1990:220-1.

98 Becker PM. Chronic insomnia: outcome of hypnotherapeutic intervention in six cases. Am J Clin Hypn 1993;36:98-105.

La trance ipnotica può anche fornire ai pazienti un modo strutturato di gestire la preoccupazione con problemi che producono ansia, facilitando così l'ingresso in un sonno riposante.

Infine, l'ipnosi può essere utilizzata per aiutare una persona a osservare la corretta igiene del sonno e stabilire un rituale della buona notte.

Hammond indica che le strategie di ipnosi possono comportare l'autoipnosi per facilitare il rilassamento muscolare profondo e ulteriori metodi di autoipnosi per controllare l'iperattività cognitiva.

Quando i primi 2 approcci non hanno successo entro 4 o 5 sessioni, potrebbe essere preso in considerazione un terzo approccio che coinvolge esplorazione inconscia o conflitti associati a disturbi del sonno.

Le tecniche utilizzate includono istruire i clienti a entrare in uno stato di autoipnosi e indurre un senso di rilassamento fluttuante fisicamente; quindi, se preoccupati di suscitare pensieri spiacevoli, possono proiettare questi pensieri su uno schermo immaginario nello stato di trance.

Ai clienti viene insegnato a diventare i registi per i propri pensieri o per affrontarli sullo schermo, dissociandoli dalle risposte evocate fisiche ed emotive.

Dopo aver indotto uno stato di autoipnosi, ai clienti viene insegnato a creare una sensazione di galleggiamento, galleggiamento o qualsiasi altra sensazione che associano al rilassamento fisico.

Immagini come galleggiare su un materasso gonfiabile in una piscina o galleggiare lungo il fiume su una camera d'aria potrebbero essere piuttosto efficaci(99).

Dopo che i clienti hanno avuto successo in questo esercizio, possono continuare a mettere in pausa le loro preoccupazioni o pensieri 'per stanotte', sapendo che possono sempre occuparsene domani.

Esistono diverse tecniche di immagini che i clienti possono utilizzare per mettere in attesa i problemi.

Ad esempio, possono proiettare questi pensieri su uno schermo immaginario, quindi immaginare di modificare il contenuto dello schermo (come si cambierebbe canale televisivo), mettere in pausa il nastro del videoregistratore o semplicemente spegnerlo.

---

99 Spiegel H, Spiegel D. Trance and Treatment: Clinical Uses of Hypnosis. Washington, DC: American Psychiatric Press, 1987.

Le tecniche di visualizzazione sono comunemente utilizzate.
I soggetti possono immaginarsi seduti accanto a una riva del
fiume osservando le foglie che scorrono lungo il ruscello.

Possono immaginarsi di posizionare i loro pensieri sulle foglie
e di guardarli fluttuare via, senza trattenere alcun pensiero
particolare, consentendo al corpo di sentirsi progressivamente
rilassato.

In alternativa, possono immaginarsi sdraiati riposanti in un
luogo confortevole e sicuro, mentre si vedono posizionare i
pensieri inquietanti sulle nuvole, osservando la brezza che li
trasporta lentamente.

Stanton[100] ha riferito di 3 casi tipici di ipnoterapia per
l'insonnia (iniziale, medio e il fallimento del pisolino diurno)
in cui ha riscontrato tassi di successo dell'85%. Il modello di
trattamento che ha descritto comprende 2 sessioni con follow-
up, se necessario.

Il modello di Stanton utilizza l'ipnosi nei seguenti modi:
1) Visualizzazione di una tenda morbida che ha una
sensazione calda e confortevole al riguardo.

Quando i pensieri entrano nella mente del paziente durante la
sessione, consentono a quei pensieri di spostarsi attraverso il
sipario e scomparire dall'altra parte della loro mente.

----

100 Stanton HE. Hypnotic relaxation and insomnia: a simple solution?
Sleep Hypnos 1999;1:64-7

Sono quindi in grado di tornare alla contemplazione del sipario.

 2) Visualizzazione di una scena in cui i soggetti si immaginano sulla veranda o nel patio di una bella casa che ha 10 gradini che conducono a un bellissimo giardino sottostante.

Ad ogni passo verso il basso, si permettono di lasciarsi andare sempre di più. In fondo ai gradini, pacifici e rilassati, entrano nel giardino, attirando l'attenzione sui colori, sui fiori, sulle nuvole alla deriva, sul canto degli uccelli, sul fruscio delle foglie e sul piacevole calore del sole.

La fase finale di questo modello viene definita "luogo speciale". Dopo aver lasciato andare i problemi, i soggetti sono in grado di rimanere nel giardino o, se preferiscono, "andare via" in un posto speciale dove sono in grado di provare pace e appagamento.

L'ipnoterapeuta e psichiatra americano Milton Erickson è stato in grado di creare strategie innovative per la guarigione e il cambiamento nei suoi pazienti.

Ha usato una tecnica che prevedeva suggerimenti postipnotici secondo cui se uno non è in grado di dormire,
può alzarsi e fare qualcosa che non gli piace, ad esempio,
pulire il frigorifero, lavare la macchina, pulire e
asciugare il pavimento della cucina, sistemare la scrivania
cassetti o svolgere altre attività. Erickson ha aiutato tali clienti
a riconoscere quanta energia hanno usa to per rimanere svegli.

Se viene usato un suggerimento postipnotico di questo tipo, dovrebbe anche includere la clausola secondo cui quando uno è sufficientemente stanco dal suo compito, può fermarsi e tornare a letto per dormire.

Questo, ovviamente, è l'obiettivo(101). È importante sottolineare che qualsiasi approccio ipnotico dovrebbe essere accompagnato da solide pratiche di igiene del sonno.

Questi includono avere il tempo necessario per distendersi prima di coricarsi, adottare una routine pre-sonno, evitare pasti abbondanti o esercizio fisico appena prima di coricarsi, mantenere la camera da letto come un luogo in cui non si verificano lavoro o altre attività che destano ansia, evitando di lavorare o leggere a letto ed evitare di guardare costantemente l'orologio al risveglio.

I bambini di età compresa tra 7 e 12 anni sono particolarmente sensibili al potere della suggestione ipnotica, specialmente durante lo stato ipnagogico (insonnia) o se si sono appena svegliati. Pertanto, se un bambino viene dato a incubi ricorrenti, un genitore può utilizzare una tecnica per convertire un incubo in un sogno lucido.

Dopo aver messo a letto il bambino vulnerabile, il genitore può stare con lui / lei. Quando il bambino inizia a mostrare i sintomi di diventare assonnato e di entrare nello stato ipnagogico, il genitore può iniziare a dare

----

101 Alman BM, Lambrou P. Self-hypnosis: The Complete Guide to Better Health and Self-change. New York: Brunner/Mazel, 1992

suggerimenti positivi, ad esempio, che il genitore sarà in grado di mantenere il bambino al sicuro e protetto(102). Gli aspetti di rilassamento e autocontrollo di L'autoipnosi è utile per consentire ai bambini di sentirsi più a loro agio andando a letto.

Nella Hall(103) i bambini costruivano un "acchiappasogni" sopra il loro letto. Secondo la tradizione dei nativi americani, cattura cattivi sogni in rete e permette ai buoni sogni di passare. Tuttavia, non è certo se tale strategia possa essere applicata in o altre culture.

L'ipnotizzatore può suggerire che il cliente ha un sogno durante l'ipnosi, che ricorda un sogno ad occhi aperti o un sogno notturno che ha uno scopo terapeutico. Tali sogni possono servire da veicolo per conoscere temi di vita, problemi e conflitti significativi.

L'autoipnosi può anche essere usata per bandire gli incubi(104). Un semplice suggerimento può dire alla "mente inconscia" che quando inizia il brutto sogno, uno diverso si verificherà la fine, che il cliente passerà a un altro sogno più bello, o forse diventerà un eroe e altererà il risultato.

----

102 Hearne K, Melbourne D. Understanding Dreams. London, UK: New Holland, 1999.

103 Hall H. Hypnosis and paediatrics. In: Temes R, editor. Medical Hypnosis: An Introduction and Clinical Guide. Philadelphia (U.S): Churchill Livingstone, 1999:79-93.

104 Hearne K, Melbourne D. Understanding Dreams. London, UK: New Holland, 1999

L'ipnoterapia ha anche aiutato con i terrori del sonno, sebbene il meccanismo con cui influisce non è chiaro.

La trance ipnotica è stata indotta più frequentemente con una tecnica comunemente usata per suggerire la chiusura degli occhi durante lo sguardo verso l'alto e il successivo rilassamento e la sensazione di galleggiamento.

Quindi, ai pazienti è stato chiesto di visualizzarsi in una scena piacevole e confortevole in cui potevano trovare uno schermo immaginario su cui guardare un film time-lapse di se stessi che dormivano tranquillamente e pacificamente per un'intera notte.

L'induzione iniziale in ufficio veniva spesso registrata su audiocassetta, durava circa 20 minuti e costituiva un'istruzione per l'autoipnosi.

I suggerimenti post-ipnotici includevano quelli per la sicurezza e la riduzione dell'ansia, il sonno riposante con movimento minimo e l'istruzione che i suggerimenti fossero ripetuti durante la pratica autoipnotica a casa.

Il 74% di questi individui ha riportato un miglioramento molto o molto quando seguito per periodi sostanziali dopo l'istruzione in esercizi autoipnotici praticati a casa.

L'ipnosi, spesso preferita alla farmacoterapia dai pazienti, richiedeva da 1 a 6 visite in ufficio.
Gafner ha descritto un tirocinante che una volta stava lavorando con un sonnambulo.

Durante la trance, ha dato al cliente il suggerimento postipnotico di svegliarsi dal sonnambulismo ogni volta che i suoi piedi toccavano il pavimento.

Il suggerimento ha funzionato e il cliente si è svegliato ogni volta che ha toccato i piedi per terra quando ha iniziato a dormire.

L'enuresi notturna, che è il passaggio involontario di urina durante il sonno, si verifica in una routine dal 10% al 15% dei bambini di 6- anni di età[105].

Poiché nessun singolo meccanismo spiega i sintomi dell'enuresi, un eziologico a 3 sistemi è stato proposto un modello che include la mancanza di vasopressina durante il sonno, l'instabilità della vescica e meccanismi di eccitazione difettosi dal sonno.

L'enuresi notturna nei bambini può avere conseguenze significative, tra cui scarsa autostima e stress familiare.

Le opzioni terapeutiche comprendono misure non farmacologiche (sistemi di allarme per bagnare il letto, ipnosi) e farmaci[106].

L'ipnoterapia è stata impiegata con successo per trattare bambini e adolescenti con enuresi notturna primaria.

----

105 Bandla H, Splaingard M. Sleep problems in children with common medical disorders. Pediatr Clin N Am 2004;51:203-27

106 Baumann F. Enuresis and encopresis in a pediatric practice. In: Wester WC, O'Grady DJ, editors. Clinical Hypnosis with Children. New York: Brunner/Mazel Publishers, 1991:258-63.

Vi è anche qualche suggerimento che le strategie ipnotiche per l'enuresi siano più efficace dell'imipramina per i bambini di età compresa tra 5 e 7 anni.

In una sessione di terapia tipica, al paziente viene fornito un disegno e una spiegazione di come funziona la vescica, seguita da un'induzione ipnotica introduttiva con suggerimenti che una sezione del suo cervello sarà svegliarlo quando ha la vescica piena. I risultati sono generalmente evidenti dopo alcune sedute.

L'ipnosi è una tecnica specializzata, non una terapia in sé e dovrebbe essere utilizzata come intervento aggiuntivo all'interno di un pacchetto completo di trattamenti psicologici e medici.

In molti dei casi descritti, l'ipnosi è stata integrata in un piano di trattamento globale, molti dei quali non hanno comportato ipnosi. Inoltre, l'ipnosi è efficace per l'insonnia, in particolare se integrata in un pacchetto di terapia cognitiva (incluso, ad esempio, igiene del sonno).

Esistono pochissimi dati di ricerca sull'efficacia dell'ipnosi nel trattamento dei disturbi del sonno. La maggior parte della letteratura è limitata a casi clinici o studi con un campione così piccolo che a volte è molto difficile interpretare i risultati.

Vi è un importante effetto placebo, quindi gli studi non controllati hanno un valore limitato.
Ricerche future dovrebbero essere condotte per determinare il contributo apportato da interventi comportamentali e ipnotici nel trattamento dei disturbi del sonno, forse mediante confronti a trattamento singolo condotti su campioni abbinati.

Inoltre, in molti casi clinici, si nota che ci sono progressi irregolari che spesso si verificano nella conduzione della psicoterapia. Spesso, il terapista utilizza un approccio di prova ed errore per determinare quali interventi avranno il maggiore impatto.

Pertanto, sarà pertinente raccogliere dati sui risultati lungo il percorso, al fine di determinare quali tecniche sono più efficaci.

Alcuni investigatori fanno affidamento sulle segnalazioni personali dei pazienti, mentre altri ritengono che l'insonnia debba essere documentata dalla polisonnografia.

In secondo luogo, ciò che costituisce un risultato terapeutico dovrebbe essere determinato. Alcuni investigatori usano solo il tempo fino all'insorgenza del sonno, il numero di risvegli e il tempo totale del sonno come misure di esito, mentre altri ritengono che la compromissione del funzionamento diurno sia forse una misura di esito più importante.

Entrambi questi problemi richiedono una risoluzione in modo che la ricerca sul campo possa andare avanti. Evidentemente, l'ipnoterapia ha un potenziale terapeutico significativo.

Capitolo III

I pericoli dell'ipnosi

3.1 I pericoli correlati alla semplice ipnosi e all'ipnosi terapeutica

Ipnosi, ipnoterapia e suggestione ipnotica sono tutti nomi di un tipo di terapia che prevede di mettere le persone in uno stato di trance.

Il raggiungimento di questo stato ha lo scopo di promuovere la concentrazione in un individuo. In questo stato mirato, una persona può essere più ricettiva ai suggerimenti, come smettere di fumare.

L'ipnoterapia è una terapia che dura da centinaia di anni. I ricercatori hanno studiato se l'ipnosi può trattare una varietà di condizioni mediche, dalla sindrome dell'intestino irritabile all'ansia e alla depressione.

L'obiettivo dell'ipnoterapia è aiutare un paziente ad imparare a controllare meglio il proprio stato di consapevolezza.

In caso di depressione, le sessioni di ipnoterapia possono essere focalizzate sull'aiutare una persona a raggiungere uno stato di rilassamento.

In questo stato rilassato, possono discutere dei propri sentimenti ed emozioni senza aumentare i livelli di stress e ansia.

Una sessione di ipnoterapia di solito dura circa un'ora.

Un terapista esperto utilizza varie tecniche di rilassamento per guidarti in uno stato ipnotico. In questo stato, sei ancora cosciente e consapevole.

Il tuo corpo diventa più rilassato e la mente più sensibile ai suggerimenti del terapeuta. I suggerimenti del terapeuta dipenderanno dalla condizione o dal comportamento che si sta tentando di trattare.

L'ipnoterapia può aiutare a colpire abitudini indesiderate o malsane e possibilmente sostituirle con comportamenti più sani. Gli esempi includono la capacità di controllare meglio il dolore o l'ansia o di regolare i modelli di pensiero negativo che potrebbero peggiorare i sintomi della depressione.

L'ipnoterapia offre il potenziale per aiutare a trattare le condizioni mediche senza la necessità di terapie invasive o farmaci aggiuntivi.

I terapisti considerano l'ipnoterapia un'opzione di trattamento sicura, con effetti collaterali minimi. Mentre potrebbe non funzionare per tutti, l'ipnoterapia è ciò che è noto come terapia complementare.

Una persona può usare l'ipnoterapia in aggiunta ad altri trattamenti per la depressione per migliorare un senso generale di benessere, sollevare l'umore e aumentare i sentimenti di speranza.

Ipnoterapeuti lo usano per trattare una serie di condizioni, tra cui:

* ansia
* dolore cronico
* problemi di concentrazione
* sindrome dell'intestino irritabile
* controllo del fumo
* digrignare i denti

Una persona con depressione sperimenta una grande varietà di emozioni: l'ipnoterapia può aiutare una persona a imparare a ridurre e / o controllare meglio i sentimenti di ansia, stress e tristezza.

L'ipnoterapia è anche usata per trattare comportamenti negativi che potrebbero peggiorare la depressione di una persona. Questi comportamenti possono includere fumo e cattive abitudini alimentari e di sonno.

L'ipnoterapia ha alcuni rischi: il più pericoloso è il potenziale per creare falsi ricordi (chiamati confabulazioni).

Alcuni altri potenziali effetti collaterali sono mal di testa, vertigini e ansia. Tuttavia, questi di solito svaniscono poco dopo la sessione di ipnoterapia.

Le persone che prendono in considerazione l'ipnoterapia devono prima consultare il proprio medico o psichiatra. È possibile che l'ipnoterapia possa peggiorare i sintomi.
Le persone che soffrono di delusioni, allucinazioni o altri sintomi psicotici potrebbero non essere i migliori candidati per l'ipnoterapia. È anche possibile che l'ipnoterapia non sia un metodo di trattamento efficace.

La terapia richiede che una persona si concentri ed entri in uno stato di trance di ipnosi. Per alcune persone, questo è molto difficile.

In generale, non vi sono pericoli con l'uso corretto dell'ipnosi e dell'ipnoterapia per applicazioni terapeutiche. La maggior parte degli ipnoterapeuti si comportano correttamente con il cliente e il loro benessere.

Nel mondo dell'ipnosi e dell'ipnoterapia ci sono stati pochissimi decessi negli ultimi 30 anni. Ovviamente di tanto in tanto ci sarà sempre lo strano cliente che ha avuto un infarto in una sala di consultazione, un infarto che avrebbero avuto comunque quel giorno perché era solo una questione di tempo a causa delle loro condizioni di salute.

Le persone inizino ad attaccare l'ipnosi per pura ignoranza, paura o convinzione ma è sempre bene scindere gli avvenimenti inevitabili per evitare di imputare ogni decesso all'ipnosi.

I pericoli dell'ipnosi non sono nemmeno una frazione dell'1% per gli enormi e pericolosi errori che vengono commessi ogni giorno sette giorni alla settimana su base continuativa negli ospedali del SSN.

L'uso e il possesso di un telefono cellulare sono più pericolosi dell'ipnosi, poiché circa 300 telefoni cellulari a settimana vengono "scippati" dalle mani delle persone o con un attacco fisico per ottenerli e per non parlare dei babbani. È più pericoloso entrare in un pub che usare l'ipnosi.

L'ipnosi in sé è sicura, ciò che nuoce è la sua associazione a tutte le cose sconosciute o temute: sono ancora troppe le associazioni negative e difettose della parola ipnosi e successivamente della parola ipnoterapia.

L'ipnosi e l'ipnoterapia come qualsiasi strumento possono essere usati per il bene o il male e il fatto che il vero male o addirittura il pericolo risieda principalmente con il terapeuta o la persona che consegna l'induzione. L'ipnosi è uno strumento molto potente e c'è ben poco che non possa essere corretto, modificato o rimosso con l'uso dell'ipnoterapia.

Letteralmente ogni sintomo, malattia e malattia, inclusi i tumori cancerosi, sono tutti causati da informazioni errate archiviate nella mente inconscia ed è la mente inconscia che crea sintomi e disturbi sia fisicamente che mentalmente e può stare con una persona per il resto della vita in base a che informazioni memorizzate e difettose.

Non è la genetica o qualche gene ereditario che sta causando una malattia o una malattia; sono le reazioni errate causate dall'inconscio che lo mantiene lì e ferma il corpo guarendo o chiarendolo.
Queste informazioni memorizzate sono "solo informazioni", una serie di informazioni messe insieme da ognuno di noi con conseguente sintomo. Non c'è letteralmente alcun sintomo che non può essere né rimosso, né corretto.

L'ipnosi è uno stato guidato di profondo rilassamento in cui siamo tutti pienamente vigili e svegli in ogni momento, tuttavia alcune persone non possono seguire le semplici istruzioni per entrare in questo stato naturale, quindi è per questo motivo che alcune persone non possono essere curate.

Ci sono anche altri motivi simili come persone che hanno gravi problemi di salute mentale come la schizofrenia o la psicosi e le persone con rischio di suicidio non possono subire questo trattamento.

Lavorare con persone che hanno gravi problemi psicologici e mentali infatti non è possibile perché ci sono troppi strati e richiederebbe anni per risolverli tutti con l'ipnosi.

La terapia di suggestione ipnotica divenne di moda tra i medici e gli psichiatri in diversi paesi europei, tra cui la Germania, tra il 1880 e il 1890 essendo stata importata dalla Francia dai visitatori della clinica di Hippolyte Bernheim a Nancy.

Le richieste di successo terapeutico sono state fatte in particolare per condizioni nervose o disturbi "funzionali" che non avevano basi organiche identificabili(107).
Nella storiografia questi trattamenti per suggerimento sono stati generalmente considerati successori del mesmerismo e precursori della psicoanalisi e di altri metodi psicoterapici(108).

----

107 A. Gauld, Una storia di ipnotismo (Cambridge University Press, 1992), pp. 476-489; H. Wolffram, "Un oggetto di volgare curiosità": legittimare l'ipnosi medica nella Germania imperiale ", J. Hist. Med. Allied Sci. 67 , 149–176 (2012).
108 A. Crabtree, Da Ipnotizzatore a Freud: il sonno magnetico e le radici della guarigione psicologica (Yale University Press, New Haven, 1993); H. F. Ellenberger, Die Entdeckung des Unbewußten. Geschichte und Entwicklung der dynamischen Psychiatrie von den Anfängen bis zu Janet, Freud, Adler und Jung (Dioge-nes, Zurigo, 2005); A. Mayer, Siti dell'inconscio: l'ipnosi e l'emergere del contesto psicoanalitico (University of Chicago Press, 2013); H. Schott, "Ipnotizzatore, treccia e Bernheim: zur Entstehungsgeschichte des Hypnotismus", Gesnerus 41 , 33–48 (1984); C. Schröder, Der Fachstreit um das Seelenheil. Psychotherapiegeschichte zwischen 1880 e 1932(Peter Lang, Francoforte sul Meno, 1995). Per un resoconto più sfumato, tuttavia, vedi J. Carroy, 'L'étude de cas psychologique et psychanalytique', in Penser par cas (ed. JC Passeron e J. Revel), pp. 201–228 (Éditions EHESS, Paris, 2005).

Nel 1894, il medico berlinese Jonas Grossmann, editore di Zeitschrift für Hypnotis-mus, pubblicò una raccolta di 29 relazioni e dichiarazioni di esperti internazionali, con l'intenzione di mostrare che la suggestione ipnotica era una forma di trattamento benefica e a basso rischio per un'ampia gamma di cure mediche(109).

La prefazione di Grossmann rifletteva la fiducia degli ipnotizzatori medici riguardo al valore terapeutico del loro metodo, ma anche preoccupazioni riguardo alle potenziali restrizioni della sua pratica e al controllo statale.

In Russia, un decreto del Consiglio medico imperiale del 1893 richiedeva un rapporto ufficiale su ogni applicazione della terapia ipnotica, compresi i nomi dei medici che ne erano stati testimoni.

Inoltre, il decreto proibiva qualsiasi forma di pubblicazione sul trattamento per ipnosi(110). In Francia, una circolare ministeriale del 1890 aveva proibito ai medici militari l'uso dell'ipnosi, compresa la sua applicazione a fini terapeutici(111).

In Prussia, solo le esibizioni pubbliche di ipnosi erano state bandite dalla polizia nel 1881, sulla base di un decreto ministeriale che le caratterizzava come esperimenti fisiologici potenzialmente dannosi per i soggetti.

---

109 J. Grossmann (a cura di), Die Bedeutung der hypnotischen Suggerimento als Heilmittel. Gutachten und Heilberichte der hervorragendsten wissenschaftlichen Vertreter des Hypnotismus der Gegenwart , 2nd edn (Bong & Co., Berlin, 1894).

110 Ibid. , pagg. ix, xi.

111 Ibid. , p. ix; H. Bernheim, Hypnotisme, suggestion, psychothérapie. Etudes nouvelles (Octave Doin, Parigi, 1891), p. 180

Al contrario, i trattamenti ipnotici dei praticanti laici e dei medici ricadono sotto il "diritto alla cura" di chiunque (Kurierfreiheit), introdotto per l'intero Reich tedesco con l'ordinanza commerciale (Gewerbeordnung) del 1871(112). Grossmann aveva sollecitato le relazioni degli esperti principalmente per supportare i colleghi in Russia, ma aveva in programma di presentare la raccolta ai "governi di tutti i principali paesi" e di tradurla in diverse lingue europee.

Come ha sottolineato, c'erano influenti voci mediche che respingevano il movimento ipnotico anche in Germania.

In un discorso nell'agosto del 1893 come rettore dell'Università di Berlino, Rudolf Virchow deplorò che nel 1816 la sua istituzione aveva nominato due professori del magnetismo animale (mesmerismo), David Ferdinand Koreff e Karl Christian Wolfart, professori ordinari, e lui messo in guardia contro un recente misticismo espresso in spiritualismo e ipnotismo. Virchow si chiedeva se il governo sarebbe rimasto abbastanza forte da mantenere libere le "strade della scienza"(113).

----

112 A. Moll, "Hypnotische Schaustellungen in Berlin", Dtsch med Wochenschr 20 , 815–816 (1894); J.- W. Teichler, "Der Charlatan strebt nicht nach Wahrheit, er verlangt nur nach nach nach Geld". Zur Auseinandersetzung zwischen naturwissenschaftlicher Medizin und Laienmedizin in deutschen Kaiserreich am Beispiel von Hypnotismus und Heilmagnetismus (Franz Steiner, Stuttgart, 2002), pagg. 185, 189–190. Regolamenti contro le esibizioni teatrali di ipnosi furono emanati anche in Sassonia (1888), Baviera (1893), Meclemburgo-Schwerin (1894), Assia (1896) e Baden (1903); ibid. , pagg. 189–190.

113 R. Virchow, Die Gründung der Berliner Universität und der Uebergang aus dem filosofischen in das naturwissenschaftliche Zeitlalter (Julius Becker, Berlino, 1893), pagg. 26–28; Grossmann, op. cit. (nota 3), pag. ix. Sui legami tra ipnotismo e spiritualismo, vedi H. Wolffram, I figliastri della scienza: ricerca psichica e parapsicologia in Germania, c. 1870–1939 (Rodopi, Amsterdam, 2009), pagg. 83–130

A Monaco, il direttore del suo ospedale generale, il professor Hugo von Ziemssen, aveva emesso un verdetto negativo sull'ipnosi terapeutica, indicando i risultati "insoddisfacenti e in parte persino orribili" delle prove condotte da uno dei suoi assistenti, il dott. L. Friedrich(114).

I processi erano stati condotti da Friedrich, con il permesso di von Ziemssen, sul reparto femminile dell'II Dipartimento medico dell'Ospedale Generale di Monaco. I suoi soggetti erano stati 20 pazienti della classe operaia, di età compresa tra 15 e 35 anni, che erano stati ricoverati in ospedale per varie condizioni, dalle malattie infettive ai dolori reumatici e all'anemia.

Inducendo l'ipnosi con fissazione visiva e comandi verbali, e quindi dando suggerimenti per il miglioramento o la cessazione dei sintomi, Friedrich aveva riscontrato mal di testa, nausea e insonnia. Inoltre, su pazienti ipnotizzati sono state eseguite estrazioni apparentemente indolori di denti cariati.

Tuttavia, in alcuni casi il trattamento ipnotico aveva portato a convulsioni isteriche, eccitazione e irrequietezza o sonnambulismo spontaneo attraverso l'autoipnosi(115).

----

114 . Grossmann (a cura di), Die Bedeutung der hypnotischen Suggerimento als Heilmittel. Gutachten und Heilberichte der hervorragendsten wissenschaftlichen Vertreter des Hypnotismus der Gegenwart , 2nd edn (Bong & Co., Berlin, 1894).

115 L. Friedrich, 'Die Hypnose als Heilmittel', Annalen der Städtischen Allgemeinen Krankenhäuser zu München 6 , 113–140 (1894).

A volte non era riuscito a risvegliare i pazienti dallo stato ipnotico, in modo che ne uscissero solo dopo diverse ore, sentendosi deboli e lamentandosi del mal di testa.

Ha fatto sentire l'assistente medico come l'apprendista stregone di Goethe, che non è in grado di sbarazzarsi degli spiriti che ha chiamato(116).

Sulla base delle sue osservazioni, Friedrich concluse che i pericoli dell'ipnosi non erano compensati dai suoi benefici terapeutici.

Credendo che un metodo che potesse causare sintomi isterici potesse anche essere impiegato per rimuovere tali sintomi, voleva riservare suggerimenti ipnotici per i casi di gravi disturbi isterici o nervosi in cui altre terapie erano fallite.

L'ipnotismo potrebbe essere studiato da fisiologi e psichiatri, in quanto potrebbe gettare luce su isteria e psicosi, ma dovrebbe, a causa dei suoi rischi, essere tolto dalle mani di "magnetizzatori e spiritualisti, questa folla eterogenea di truffe e inganni"(117).

Quest'ultima osservazione di Friedrich rifletteva un atteggiamento allora comune nella professione medica tedesca: i medici dovrebbero detenere il monopolio dei

----

116 Ibid. , p. 135; J. W. von Goethe, "Der Zauberlehrling", in Goethes Werke. Festausgabe , vol. 1: Gedichte I (ed. R. Petsch e E. A. Boucke), pp. 119–122 (Bibliographisches Institut, Lipsia, 1926).

117 Ibidem

trattamenti ipnotici, che sarebbero presumibilmente troppo pericolosi se applicati da professionisti senza licenza(118).

Per i critici, il suggerimento ipnotico era un metodo pericoloso, che poteva innescare attacchi isterici, rendere i pazienti nervosi "ancora più nervosi" o far desiderare lo stato ipnotico come l'alcool o la morfina, come avvertiva il professore di psichiatria di Berlino, Eduard Mendel(119).

Persino i sostenitori dell'ipnosi, come il neurologo e psichiatra viennese Heinrich Obersteiner, ammisero che il metodo presentava alcuni "svantaggi", tra cui esaurimento nervoso, sonnambulismo spontaneo e, in alcuni casi, sviluppo di "isteria completa".
Inoltre, nei pazienti isterici, l'uso inappropriato dell'ipnosi avrebbe potuto peggiorare i loro sintomi.

----

118 A. Moll, "Hypnotische Schaustellungen in Berlin", Dtsch med Wochenschr 20 , 815–816 (1894); J.- W. Teichler, "Der Charlatan strebt nicht nach Wahrheit, er verlangt nur nach nach nach Geld". Zur Auseinandersetzung zwischen naturwissenschaftlicher Medizin und Laienmedizin in deutschen Kaiserreich am Beispiel von Hypnotismus und Heilmagnetismus (Franz Steiner, Stuttgart, 2002), pagg. 185, 189–190. Regolamenti contro le esibizioni teatrali di ipnosi furono emanati anche in Sassonia (1888), Baviera (1893), Meclemburgo-Schwerin (1894), Assia (1896) e Baden (1903); ibid. , pagg. 189–190.

119 Grossmann, op. cit. (nota 3), pag. v; E. Mendel, "Discussion über den Vortrag des Herrn Moll: der Hypnotismus in der Therapie", Verhandlungen der Berliner medizinischen Gesellschaft 18 , 174–175 (1887); E. Mendel, "Discussion über den Vortrag des Herrn Moll: therapeutische Erfahrungen auf dem Gebiete des Hypnotismus", Verhandlungen der Berliner medizinischen Gesellschaft 20 , 148–150 (1889).

Gli effetti forti provocati da suggestioni ipnotiche, come la paura o l'orrore, potrebbero provocare indisposizione per giorni(120).

In questa situazione, Grossmann ha cercato di mettere l'autorità e le assicurazioni di una schiera internazionale di ipnoterapeuti esperti contro le voci critiche.

La sua collezione comprendeva dichiarazioni e relazioni, tra gli altri, dei fondatori medici francesi della terapia della suggestione ipnotica, Ambroise-Auguste Liébeault e Hippolyte Bernheim, il filosofo e psicologo belga Joseph Delbœuf, i neurologi di Amsterdam Frederik van Eeden e AW van Renterghem, lo psichiatra svizzero e i direttori d'asilo Eugen Bleuler e August Forel e lo specialista di Berlino per le malattie nervose, Albert Moll(121).

Nella letteratura secondaria, questo volume è stato caratterizzato come "il punto più alto del progresso dell'ipnoterapia"(122), nonché un ultimo sforzo congiunto dei suoi rappresentanti, prima che il movimento ipnotico si diversificasse in varie direzioni psicoterapiche(123).

----

120 H. Obersteiner, Der Hypnotismus mit besonderer Berücksichtigung seiner klinischen und forensischen Bedeutung (M. Breitenstein, Vienna, 1887), pagg. 75–76. Vedi anche H. Obersteiner, "Gutachten", a Gross-mann, op. cit. (nota 3), pagg. 85–87.

121 Tra gli altri collaboratori della collezione Grossmann c'erano i professori di medicina Albert Eulenburg (Berlino), Richard von Krafft-Ebing (Vienna) ed Enrico Morselli (Genova), e i professori di giurisprudenza Jules Liégeois (Nancy) e Karl von Lilienthal (Marburg)

122 Gauld, op. cit. (nota 1), pag. 352.

123 chröder, op. cit. pag. 48. Vedi anche Teichler, op. cit., pag. 56.

Come decano della terapia per suggestione ipnotica, il medico di Nancy Liébeault ha sottolineato la sua vasta esperienza con il metodo, per un periodo di 34 anni, su "oltre 12.000 pazienti".

Questa esperienza lo aveva convinto che l'ipnosi comportava meno rischi rispetto ai trattamenti con farmaci.

Liébeault suggeriva che i governi avrebbero dovuto creare sedie per la psicologia nelle facoltà di medicina piuttosto che limitare lo studio dell'ipnotismo(124).

 Bernheim, che aveva adottato la terapia di suggerimento da Liébeault e aveva pubblicato il metodo per circa 10 anni a quel tempo, contestava con la dottrina della scuola rivale di Jean-Martin Charcot dell'ospedale Salpêtrière di Parigi che lo stato ipnotico poteva essere solo prodotto in individui isterici.

Come si lamentava Bernheim, nonostante l'evidenza che le persone non isteriche potessero essere ipnotizzate, i seguaci di questa visione non si erano arresi, sostenendo che l'ipnosi non era altro che un "attacco isterico artificiale"(125).

----

124 A. A. Liébeault, "Gutachten", a Grossmann, op. cit. (nota 3), pagg. 3-4.

125 H. Bernheim, "Gutachten", a Grossmann, op. cit. pag. 5.

Al contrario, per Bernheim la suggestionabilità era una normale proprietà del cervello che poteva essere aumentata dallo stato ipnotico, come durante il sonno normale. Inoltre, i suggerimenti durante la veglia, come l'eccitazione del fanatismo religioso o politico attraverso un discorso appassionato, erano nella sua comprensione non principalmente diversi dai suggerimenti ipnotici[126].

Ha ammesso che l'ipnosi potrebbe avere effetti collaterali come mal di testa o vertigini o addirittura attacchi isterici. Tuttavia, ha interpretato questi come autosuggestioni di individui eccitabili che potrebbero essere superati nelle sessioni successive dando suggerimenti calmanti.

Riteneva che la produzione di allucinazioni, sia per suggerimento che per autosuggestione, fosse pericolosa, ma Bernheim negò che questo faceva parte del metodo di suggerimento terapeutico .

Invece, il metodo mirava alla rimozione dei dolori, delle convulsioni e dei disturbi nervosi, nonché ai miglioramenti dell'appetito e del sonno e al benessere mentale più in generale[127].

---

126 Ibid. , pagg. 6-9. Sui collegamenti tra l'ipnotismo e l'emergere della psicologia della folla, vedi R. Harris, "Omicidio sotto ipnosi nel caso di Gabrielle Bompard: psichiatria nell'aula di tribunale di Belle Époque Parigi", in L'anatomia della follia (a cura di WF Bynum, R. Porter e M. Shepherd), vol. 2, pagg. 197–239 (Routledge, Londra, 1985), pagg. 228–231

127 Bernheim, op. cit. (nota 20), pagg. 10-11.

Bernheim ha affermato di aver trattato migliaia di pazienti con suggerimenti negli ultimi 10 anni, senza mai causare danni e spesso migliorando le loro condizioni, ma ha solo illustrato la sua esperienza con alcuni casi clinici, incluso il trattamento di successo di attacchi isterici, paralisi "nervosa", attacchi di vertigini e ansia(128).

Sia Liébeault che Bernheim, quindi, hanno sottolineato l'elevato numero di casi in cui avevano applicato la terapia di suggestione ipnotica e avevano riscontrato successo con il metodo. Il ricorso a case history era anche caratteristico per la maggior parte degli altri rapporti nella raccolta di Grossmann.

Tuttavia, lo stile con cui venivano comunicati i casi variava ampiamente. Delbœuf, professore di filosofia all'università di Liegi, diede resoconti altamente personalizzati del suo trattamento ipnotico di due pazienti che erano venuti da lui, come profano medico, attraverso la clinica del professore di chirurgia, Alexander von Winiwarter.

----

128 Ibid., pagg. 12–14. Nel suo influente libro sulla terapia dei suggerimenti, pubblicato per la prima volta nel 1886 e tradotto in tedesco da Sigmund Freud, Bernheim aveva fornito dettagli di 105 casi clinici (classificati in malattie organiche del sistema nervoso, isteria, neuropatie, nevrosi, paralisi, affezioni del tratto gastrointestinale tratto, dolori, reumatismi, nevralgie e disturbi mestruali) in cui aveva applicato il metodo. Per quasi tutti loro ha affermato di aver ottenuto una "cura" o almeno qualche miglioramento. Vedi H. Bernheim, Die Suggestion und ihre Heilwirkung (trad. S. Freud) (Franz Deuticke, Lipsia, 1888), pp. 200–405.

Descrisse in modo vivido come i due pazienti - una figlia di un insegnante di 28 anni con emiplegia e un giovane, figlio di un sagrestano, con paralisi di una gamba dopo la poliomielite - mostrarono un aumento della mobilità dopo alcune sedute ipnotiche.

Inoltre(129), Delbœuf dichiarò che le "cure" venivano effettuate "solo attraverso la parola parlata, che dirigeva la forza di volontà [dei pazienti] verso l'organo malato"(130).

 Il potere curativo dell'ipnosi dipendeva, per Delbœuf, dall'attività del paziente, un'intuizione che lo rendeva critico delle affermazioni dei medici su un monopolio dei trattamenti ipnotici.

In una certa misura i suoi commenti riflettevano lo sviluppo dell'allenamento della forza di volontà come metodo psicoterapeutico e di auto a sé stante, in cui si riteneva che la volontà del paziente avesse un effetto curativo.

All'altra estremità dello spettro, per quanto riguarda la presentazione dei casi, c'era il rapporto dei neurologi olandesi van Eeden e van Renterghem.

Senza molte osservazioni, fornirono un tavolo che sintetizzava il loro trattamento ipnotico di 1089 pazienti nella loro clinica privata di Amsterdam tra il maggio 1887 e il giugno 1893.

---

129 J. Delbœuf, "Gutachten", a Grossmann, op. cit. (nota 3), pagg. 31–37.

130 Ibid., p. 37.

Avevano trattato leggermente più donne che uomini
(rispettivamente 560 e 529), di varie età, sebbene oltre la metà
provenisse la fascia di età compresa tra 21 e 40 anni.

La maggior parte soffriva di malattie del sistema nervoso,
suddivise in affetti organici, nevrosi gravi e affetti isterici,
malattie mentali, neuropatie e nevralgie o dolori indefiniti.

I due medici avevano anche applicato il metodo dei "disturbi
funzionali" in altre malattie interne o esterne, malattie febbrili,
clorosi e anomalie delle mestruazioni, e indurre l'anestesia per
le procedure chirurgiche.

Hanno ammesso che circa il 5% dei loro pazienti non era stato
ipnotizzabile, ma hanno affermato di aver raggiunto una
"cura" in oltre il 28%, un miglioramento significativo o
duraturo in quasi il 24% e un miglioramento lieve o transitorio
in circa il 21% dei loro casi.

Per meno del 18% non hanno riscontrato successo nel
trattamento; e in circa il 9% il risultato non era chiaro poiché i
pazienti non erano tornati dopo una o due sedute
ipnotiche(131).

----

131 F. van Eeden e A. W. van Renterghem, "Gutachten", a Grossmann, op.
cit. pagg. 40–41.

Con tale quantificazione e categorizzazione, van Eeden e van Renterghem hanno tentato di presentare i risultati della terapia ipnotica nello stesso formato dei risultati del trattamento, che sono stati quindi più generalmente presentati in medicina e chirurgia.

I neurologi di Amsterdam hanno espresso la loro convinzione, in base alla loro esperienza, che la terapia ipnotica non ha avuto conseguenze indesiderate fintanto che i suggerimenti erano rivolti a "normali processi fisiologici o rigenerativi"[132].

 Casi di gravi malattie mentali erano molto difficili da trattare con suggerimenti ipnotici, come indicavano i rapporti degli psichiatri svizzeri Bleuler e Forel. Eugen Bleuler, direttore del manicomio di Rheinau, ha ammesso che, poiché la maggior parte dei suoi pazienti era incurabilmente pazzo, non poteva riportare molti successi con la terapia ipnotica.

Solo uno dei sei casi di successo che ha riassunto nel suo rapporto era un caso psichiatrico; le altre cinque comprendevano diagnosi di isteria, nevralgia, mal di testa e, in un bambino, assaporano il notturno (paura dell'oscurità).

----

132 Ibid., p.39

Anche August Forel, direttore del Burghölzli Asylum e professore di psichiatria a Zurigo, ha sottolineato che i pazienti pazzi del suo asilo potevano essere molto raramente influenzati dalla terapia ipnotica di suggerimento.

La sua esperienza con questo metodo si basava principalmente su diverse centinaia di casi di altri tipi di pazienti che aveva trattato dal 1887, in particolare nel contesto delle sue lezioni sull'ipnotismo(133).

Nell'esperienza di Forel, la suggestione ipnotica potrebbe essere utilizzata con successo per alleviare il dolore (ad esempio, nell'emicrania o durante l'estrazione dei denti), per regolare le mestruazioni e trattare l'insonnia, la perdita di appetito e le dipendenze, in particolare l'alcolismo.

Ha affermato che solo i praticanti laici o i medici inesperti potrebbero causare danni al sistema nervoso a causa dell'ipnosi, ad esempio provocando attacchi isterici, ma che ogni ipnotizzatore medico esperto sarebbe stato in grado di testimoniare che in centinaia o migliaia di loro pazienti nessun effetto collaterale negativo aveva avuto si è verificato.

---

133 A. Forel, "Gutachten", a Grossmann, op. cit. (nota 3), pag. 51. Secondo un recente studio sui fascicoli dei casi medici dei pazienti in manicomio sotto la guida di Forel, tuttavia, circa l'11% di questi pazienti è stato trattato con ipnosi, in particolare uomini con un background sociale più elevato. Vedi M. Bugmann, Hypnosepolitik. Der Psychiater August Forel, das Gehirn und die Gesellschaft (1870– 1920) (Böhlau Verlag, Colonia, 2015), p. 181.

Come Liébeault, Forel ha richiesto l'insegnamento universitario su suggerimenti ipnotici per studenti di medicina(134).

Lo spettro di condizioni che il medico berlinese Albert Moll aveva ritenuto idonee al trattamento ipnotico ha ampiamente confermato le esperienze degli altri autori: dolori senza causa organica dimostrabile, paralisi isteriche, perdita nervosa della voce, tosse nervosa, prurito, acufene, enuresi nei bambini e idee ossessive.

Era un po' scettico, tuttavia, sull'elevato numero di casi segnalati da alcuni autori e ha sottolineato che, al fine di fornire cifre significative, era importante affermare anche per quanto tempo un paziente era stato osservato o trattato.

Polemicamente, Moll si rivolse ai suoi critici di Berlino: il clinico Karl Anton Ewald, che aveva caratterizzato il trattamento ipnotico come non scientifico e indegno dei medici, e lo psichiatra Mendel.

Come mostrano questi esempi, la difesa della terapia del suggerimento ipnotico da parte dei suoi eminenti professionisti è stata vigorosa, sottolineando la loro vasta esperienza, ma anche differenziata per quanto riguarda i tipi di condizioni per le quali questa forma di trattamento è stata considerata efficace. I difensori della terapia ipnotica hanno ammesso effetti collaterali

----

134 Forel, op. cit. pagg. 52–53.

medici, sebbene non siano stati considerati sufficientemente gravi per abbandonare il metodo. Oltre a questi, tuttavia, altri due problemi hanno causato preoccupazioni più ampie: la simulazione da parte dei pazienti e il loro potenziale abuso da parte degli ipnotizzatori.

Nel 1894, lo stesso anno in cui apparve la difesa collettiva di Grossmann della suggestione ipnotica, Moritz Benedikt, professore di neuropatologia ed elettroterapia a Vienna, pubblicò una monografia in cui criticava con forza il metodo.

Benedikt aveva usato l'ipnosi su alcuni dei suoi pazienti dal 1867, ma dopo che la moda per il metodo di suggerimento di Bernheim si era sviluppata alla fine del 1880, si era trasformato in uno dei suoi più feroci critici(135).

Quando, insieme ad alcuni giovani colleghi, ha provato il metodo Nancy su pazienti selezionati della sua clinica ambulatoriale, hanno confermato all'ipnotizzatore di essersi addormentati.

Ma quando in seguito gli è stato chiesto da un'altra persona, hanno ammesso di aver solo fatto finta di averlo fatto e di aver falsamente affermato di essere stati ipnotizzati poiché avvertivano che ci si aspettava da loro.

----

135 M. Benedikt, Hypnotismus und Suggestion. Eine klinisch-psychologische Studie (M. Breitenstein, Lipsia, 1894), pagg. I, 17–18, 40–41; M. Benedikt, Aus meinem Leben. Erinnerungen und Erörterungen (Carl Konegen, Vienna, 1906), pagg. I, 125-126, 324–326.

Inoltre, dopo diverse sedute ipnotiche, alcuni pazienti volevano "essere lasciati soli" dall'ipnotizzatore, affermando di essere stati guariti e di non tornare.

Quando Benedikt ha verificato con i familiari di uno di questi pazienti, che erano stati ipnotizzati per convulsioni, hanno confermato che le sue convulsioni continuavano con la stessa frequenza e intensità di prima.

Allo stesso modo, ha affermato Benedikt, i pazienti con dipendenza da morfina, l'alcolismo e le perversioni sessuali non osarono contraddire l'autorità del loro ipnoterapeuta e si dichiararono falsamente guariti solo per sbarazzarsi di lui.

Benedikt ha stimato che almeno il 90% della casistica di tali "cure" doveva essere scontato a causa della simulazione(136).

Questa non era semplicemente una dichiarazione polemica di un critico. Forel, nonostante fosse uno dei sostenitori e dei praticanti più entusiasti della terapia dei suggerimenti ipnotici, ha dovuto ammettere il problema relativo ai suoi stessi pazienti.

In un caso, il paziente è tornato da lui dopo il trattamento ipnotico, insieme al suo medico, confessando sotto le lacrime che aveva simulato. Forel ha salvato la situazione ipnotizzando

----

136 Benedikt, Hypnotismus, pagg. 66–68

di nuovo il paziente, in presenza del medico, suggerendo
l'anestesia di una mano e dimostrando l'indolore perforando
più volte la mano del paziente con un ago. Il paziente,
sosteneva Forel, aveva solo erroneamente creduto di aver
simulato durante le precedenti ipnosi(137).

In un altro caso, tuttavia, documentato nei registri dei
pazienti, un industriale di Monaco dipendente dalla morfina,
che è stato volontariamente sottoposto a un trattamento di
astinenza supportato da un suggerimento ipnotico nel
manicomio di Forel, ha provocato la rabbia di quest'ultimo
quando ha confessato la simulazione a un assistente medico.

Difendendosi dall'accusa di aver mentito di Forel, il paziente
scrisse una lettera allo psichiatra, spiegando che aveva fatto
finta di essere stato aiutato dai suggerimenti ipnotici perché
non voleva apparire irriverente e rischiare di interrompere il
trattamento(138).

Questo caso è tanto più rivelatore, dato che, nonostante il suo
status sociale relativamente elevato, il paziente era ansioso di
non sfidare l'autorità del suo psichiatra mettendo in
discussione il successo della terapia ipnotica.

----

137 Forel, Hypnotismus, pag. 48.

138 Bugman, op. cit., pagg. 212–213.

Moll dedicò un intero capitolo del suo libro di testo
sull'ipnotismo (pubblicato per la prima volta nel 1889) alla
"questione della simulazione". C'erano un certo numero di
"segni oggettivi" che si pensava fossero indipendenti dalla
forza di volontà dei pazienti e che venivano usati per
confermare che un paziente era entrato nello stato ipnotico.

Questi segni includevano la rotazione convulsiva verso l'alto
dei bulbi oculari e la rigidità catalettica di un braccio sollevato
senza sviluppare segni di affaticamento come tremori e
respirazione irregolare.

Nello stadio ipnotico della letargia, si può osservare un
aumento dell'irritabilità neuromuscolare: alla stimolazione
della pelle si contrae un singolo muscolo o un gruppo di
muscoli innervati da un particolare nervo(139).

Tali segni erano stati studiati in particolare da Charcot e dalla
sua scuola usando strumenti di registrazione come il miografo
per dimostrare che l'ipnosi aveva effetti "reali" e fisiologici sul
corpo dei pazienti(140).

Moll ha riconosciuto gli sforzi di Charcot in questo settore, ma
ha sottolineato che l'assenza di uno di questi cosiddetti segni
oggettivi non esclude la possibilità

----

139 A. Moll, Der Hypnotismus (H. Kornfeld, Berlino, 1889), pagg. 166-171.

140 Vedi Mayer, op. cit. (nota 2), pagg. 37–46; K. M. Hajek, "La paura della
simulazione: autorità scientifica nelle controversie francesi di fine
Ottocento sull'ipnotismo", Hist. Sci. 53 , 237–263 (2015).

che il paziente fosse veramente ipnotizzato e, viceversa, che potrebbero esserci determinati individui che sono riusciti per mostrare uno stato catalettico attraverso l'allenamento. Inoltre, alcuni pazienti isterici hanno mostrato una maggiore eccitabilità muscolare senza ipnosi(141).

Ha anche affrontato lo scenario che Forel aveva descritto, di pazienti che confessavano dopo il trattamento ipnotico di aver simulato o di aver dato suggerimenti per compiacere l'ipnotizzatore.

Molti di loro, sosteneva Moll, credevano erroneamente di non essere stati sottoposti a una forza ipnotica; altri erano imbarazzati per la debolezza della loro forza di volontà che avevano sperimentato e deliberatamente mentirono dicendo che avevano simulato.

L'intera questione della simulazione dell'ipnosi era piena di difficoltà, come ammise Moll, ma queste dovevano essere affrontate in modo "strettamente scientifico", proprio come gli psichiatri dovevano fare quando valutavano casi di presunta malattia mentale(142).

----

141 Moll, op. cit. (nota 40), pagg. 172-173.

142 Moll, op. cit. (nota 40), pagg. 175-177. Sul problema correlato della finta malattia, vedi R. Cooter, "Malingering nella modernità: sceneggiature psicologiche e incontri contraddittori durante la prima guerra mondiale", in Guerra, medicina e modernità (a cura di R. Cooter, M. Harrison e S. Robusto), pagg. 125–148 (Sutton Publishing, Stroud, 1998).

La sottomissione della forza di volontà sollevata da Moll in relazione alla simulazione era al centro dell'altro grande problema percepito nei trattamenti ipnotici: il pericolo di abuso.

In generale, erano previste due situazioni: o che gli ipnotizzatori potessero dare suggerimenti criminali ai loro soggetti o che gli ipnoterapeuti potessero abusare dello stato di forza di volontà indebolita dei pazienti per aggressioni sessuali(143).

L'idea di suggerimenti criminali è stata studiata sperimentalmente dalle scuole di ipnotismo di Charcot e Bernheim, ad esempio suggerendo con successo ai soggetti che devono pugnalare o sparare a un individuo in particolare, usando un'arma immaginata o falsa.

Mentre i membri della scuola di Nancy hanno visto un vero pericolo indicato dai risultati di tali processi, i seguaci di Charcot sono rimasti in gran parte scettici. Si sosteneva che i soggetti ipnotizzati sapessero ancora che stavano solo recitando e che resistevano a comandi che contrastavano il loro senso di decenza, a volte con un attacco isterico(144).

----

143 Preoccupazioni per la potenziale cattiva condotta sessuale del terapeuta erano già state ampiamente espresse all'inizio del diciannovesimo secolo per quanto riguarda i guaritori magnetici. Vedi, per la Gran Bretagna, W. Hughes, il trucco di quel diavolo: l'ipnotismo e l'immaginazione popolare vittoriana (Manchester University Press, 2015), pp. 90-105.

144 L. Loewenfeld, *Der Hypnotismus. Handbuch der Lehre von der Hypnose und Suggestion mit besonderer Berücksichtigung ihrer Bedeutung für Medicin und Rechtspflege* (J. F.Bergmann, Wiesbaden, 1901), pagg. 433-446; Gauld, *op. cit.* (nota 1), pagg. 494–503; B. Wolf-Braun, "Die kulturelle Wahrnehmung der Hypnose als Beeinflussungstechnik: Deutungen der Trance um 1900", a *Fremdkontrolle. Ängste – Mythen - Praktiken* (a cura di M. Schetsche e R.-B. Schmidt), pagg. 45–57 (Springer, Wiesbaden, 2015), pagg. 51–52; AD Kauders, 'Verführung, Hingabe, Auftrag: Hypnose und Verbrechen in Deutschland nach dem Ersten Weltkrieg, *Hypnose-ZHH* **10** , 63–80 (2015), alle pagine 69, 74.

Benedikt respinse a priori la possibilità di un crimine ipnotico, perché per ogni crimine reale c'erano molte situazioni inaspettate che un autore doveva padroneggiare e che l'ipnotizzatore non poteva prevedere.

Vi furono, tuttavia, alcuni casi nella vita reale in cui furono fatte affermazioni secondo cui un crimine era stato commesso sotto influenza ipnotica o attraverso suggerimenti postipnotici.

Un caso molto pubblicizzato dei primi anni del 1890 fu il processo a Parigi per omicidio della 22enne Gabrielle Bompard. La difesa sostenne di aver agito secondo un suggerimento postipnotico impiantato dal suo partner, Michel Eyraud, quando impiccarono e derubarono congiuntamente l'ufficiale giudiziario Alexandre- Toussaint Gouffé dopo averlo attirato in un appartamento.

Nelle opinioni degli esperti presentate durante il processo, le diverse opinioni sul crimine ipnotico delle scuole di Nancy e Parigi si sono inasprite e si sono scontrate.

Lo scetticismo di quest'ultima scuola ha prevalso, e non ci sono state prove indipendenti che Eyraud avesse dato a Bompard un suggerimento ipnotico di commettere il crimine insieme a lui, sebbene fosse stata ipnotizzata da altri in passato.

Eyraud fu ghigliottinato e Bompard, che si era
volontariamente dato alla polizia, fu condannato alla
reclusione per 20 anni(145).

In Germania, Moll, che si era affermato come esperto delle
implicazioni legali dell'ipnosi, espresse anche il suo
scetticismo nei casi criminali in cui era stata rivendicata
l'influenza ipnotica.

Mentre seguiva la scuola di Nancy credendo che un crimine
potesse, in linea di principio, essere istigato da suggestioni
ipnotiche, non pensava che potesse accadere spesso in pratica
a causa del pericolo di essere scoperto dall'ipnotizzatore.

Le affermazioni di aver subito un'influenza ipnotica erano
spesso bugie difensive degli accusati. La popolarità dell'idea
di commettere un crimine in uno stato ipnotico probabilmente
doveva più alla sete pubblica di storie sensazionali che a un
problema di vita reale.

L'argomento ha fornito materiale fertile per produzioni
teatrali come Der Andere di Paul Lindau (L'altro) del 1893 e
successivi per i film(146).

---

145 Harris, op. cit. (nota 21); R. Plas, "Isteria, ipnosi e senso morale nella
psichiatria forense francese del XIX secolo", int. J. Law Psychiatry 21 , 397–
407 (1998).

146 P. Lindau, Der Andere. Schauspiel in vier Aufzügen (I. Goldmann,
New York, 1893); S. Andriopoulos, Possessed: crimini ipnotici, finzione
aziendale e l'invenzione del cinema (University of Chicago Press, 2008).

Ciò che era più radicato in casi reali, tuttavia, era la preoccupazione che le persone ipnotizzate potessero essere aggredite sessualmente.

Molta attenzione fu data al processo di Monaco nel 1894 del guaritore magnetico e ipnoterapeuta polacco Czeslav Czynski, che fu accusato di aver abusato delle sue sessioni di trattamento con la baronessa Hedwig von Zedlitz per darle suggerimenti post-ipnotici che gli permisero di sedurla.

Inoltre, è stato accusato di aver inscenato successivamente una falsa cerimonia di matrimonio e di aver falsificato un certificato di matrimonio, al fine di ottenere l'accesso alla fortuna della baronessa.

Gli esperti di ipnotismo ascoltati durante il processo erano divisi nelle loro opinioni. Mentre il medico di Monaco Barone Albert von Schrenck-Notzing e i professori Hubert Grashey (Monaco di Baviera) e Wilhelm Preyer (Wiesbaden) ritenevano che l'influenza ipnotica avesse avuto un ruolo in questo caso, un altro esperto, il professor Friedrich Fuchs di Bonn, aveva lasciato il processo il primo giorno, avendo dichiarato che tutti i fenomeni di ipnosi che aveva visto erano solo simulati o "commedie"(147).

----

147 H. Grashey, L. Hirt, A. von Schrenck-Notzing e W. Preyer, Der Prozeß Czynski. Thatbestand desselben und Gutachten über Willensbeschränkung durch hypnotisch-suggestiven Einfluß abgege
Il tribunale ha condannato Czynski a tre anni di reclusione per frode matrimoniale, ma lo ha assolto dall'accusa di aver commesso un reato di natura sessuale.

Un caso più sinistro è stato quello del dottor K., un assistente medico in un ospedale di Monaco.

Era stato accusato di aver abusato sessualmente durante l'ipnosi di una ragazza della classe operaia di 13 anni a cui era stata diagnosticata l'atrofia da inattività di una gamba e il nervosismo generale e che era stata ricoverata a causa di sintomi addominali poco chiari.

Schrenck-Notzing era stato incaricato dall'avvocato del medico durante le indagini penali e nel 1898 pubblicò un articolo sul caso in Zeitschrift für Hypnotismus.

L'articolo, che comprende la storia clinica della ragazza, il resoconto del medico accusato, una lettera del suo avvocato e la perizia di Schrenck-Notzing, rende la lettura straziante.

Il dottor K. è stato accusato dalla ragazza di un'aggressione sessuale orale, mentre ha affermato di aver semplicemente messo il manico di legno del suo pennello da barba nella sua bocca, suggerendo che era un manichino di un bambino su cui avrebbe dovuto succhiare e mettere un po' di sale sulla sua lingua, suggerendo che fosse zucchero.

Ammise di aver urinato nel suo vaso da notte mentre era in uno stato ipnotico, per precauzione.

Il rapporto di Schrenck-Notzing concludeva che la ragazza era stata in uno stato di sogno ipnotico in cui aveva rivissuto un vero e proprio assalto sessuale del tipo presunto, commesso in precedenza da un "vecchio" (come menzionato dal padre della ragazza).

Nessun testimone era stato presente durante l'ipnosi, il pubblico ministero ha interrotto le indagini contro il dottor K., anche se c'erano state altre due accuse di cattiva condotta in relazione ai suoi esperimenti di ipnosi su altre ragazze nello stesso ospedale.

Schrenck-Notzing, che era il principale sostenitore della terapia di suggerimento ipnotico, incolpò il suo resoconto del caso del dottor K. come un avvertimento per i colleghi che i pazienti ipnotizzati potevano fare false accuse contro di loro.

Tuttavia, Leopold Loewenfeld, un consulente di Monaco nelle malattie nervose e un esperto di ipnotismo, ha successivamente commentato che la relazione di Schrenck-Notzing era stata molto amichevole con il dottor K. e che un altro esperto avrebbe potuto giungere a una conclusione diversa(148).

In un altro caso, un guaritore magnetico di 22 anni, Carl Mainone, è stato accusato di aver aggredito sessualmente e poi stuprato due volte una ragazza di 20 anni durante tre sedute ipnotiche consecutive per la miopia.

Qui, Schrenck-Notzing, in qualità di uno dei tre esperti medici, concluse come i suoi due colleghi che la ragazza era stata chiaramente abusata sessualmente in uno stato ipnotizzato.

----

148 Loewenfeld, op. cit., pagg. 432–433.

Tuttavia, la giuria del tribunale di Colonia, in cui il caso fu ascoltato nel 1901, trovò l'imputato solo colpevole di insulto fisico (sezione 185 del Codice penale), non di stupro di una donna priva di forza di volontà (sezione 176, sottosezione 2), né di aver messo una persona in uno stato di volontà debole a scopo di abuso sessuale (sezione 177).

Il loro verdetto ha quindi implicitamente assunto almeno una certa misura di consenso. Mainone fu condannato a 18 mesi di reclusione.

Come ha criticato Schrenck-Notzing, il verdetto è stato "quasi incredibile" nella sua assoluzione di Mainone dall'accusa di stupro.

Dimostrò, a suo avviso, che i giurati non si sentivano in grado di decidere sulla questione della mancanza di forza di volontà durante l'ipnosi o che volevano evitare il problema di accettare una donna ipnotizzata come unica testimone delle sue stesse condizioni(149).

----

149 Schrenck-Notzing, Kriminalpsychologische Studien pagg. 162-163

Potrebbe essere allettante supporre che la valutazione più
indulgente di Schrenck- Notzing del dott. K. rispetto a
Mainone e Czynski non fosse solo una questione delle
circostanze specifiche dei diversi casi, ma avesse anche a che
fare con il fatto che gli ultimi due erano praticanti laici senza
licenza, mentre il dott. K. era un collega medico.

In termini più generali, tuttavia, questi tre casi mostrano che
l'abuso sessuale di pazienti ipnotizzati è stato riconosciuto
come un pericolo reale intorno al 1900, sebbene le autorità
legali fossero riluttanti ad accettare le dichiarazioni delle
pazienti in questione come prove sufficienti.

La terapia ipnotica era percepita come un metodo pericoloso,
sia dal punto di vista medico che morale, nonostante le
assicurazioni dei suoi sostenitori che fosse un trattamento
benefico e relativamente innocuo che i medici adeguatamente
qualificati potevano applicare in una vasta gamma di
condizioni, in particolare i disturbi nervosi.

Bisogna considerare questo contesto generale per capire
perché nel 1902 e nel 1906 lo stato prussiano lanciò indagini
sull'uso dell'ipnosi da parte dei medici e dei guaritori laici.

Il 5 aprile 1902, il ministro prussiano per gli affari religiosi,
educativi e medici lanciò due indagini ufficiali:
una indirizzata ai capi dei distretti governativi e al capo
della polizia di Berlino sui trattamenti con l'ipnosi da
parte di guaritori laici e qualsiasi danno alla salute da essi
causato; l'altro alle camere mediche circa l'estensione dell'uso
della terapia ipnotica da parte dei medici e il loro successo con
il metodo.

I rapporti in arrivo sono stati debitamente raccolti presso il Ministero, ma la loro valutazione non ha rivelato risultati allarmanti. Come afferma una nota nei fascicoli ministeriali del 23 settembre 1903, le informazioni ottenute erano molto limitate e mostrava che alcuni medici e guaritori laici applicavano l'ipnosi a fini terapeutici; in generale non sono stati segnalati danni alla salute.

Il funzionario che si occupava della questione raccomandò di ripetere l'inchiesta tra un anno. Per 36 distretti governativi (esclusa Berlino), erano stati identificati in totale 26 ipnoterapeuti laici; in 19 di questi distretti non erano conosciute persone simili.

I rapporti delle camere mediche provinciali hanno confermato che relativamente pochi medici utilizzano l'ipnosi: ad esempio 18 dei 682 medici nella provincia della Prussia orientale e 97 dei 2570 medici nella provincia del Reno e nelle terre di Hohenzollern.

Coloro che hanno usato il metodo l'hanno applicato principalmente nei disturbi nervosi come isteria e nevrastenia e hanno affermato di aver visto miglioramenti temporanei e talvolta permanenti.

La maggior parte dei medici, tuttavia, sembrava ritenere che l'ipnosi non fosse essenziale o che una qualche forma di suggerimento nello stato di veglia sarebbe stata sufficiente nei casi appropriati(150).

Un rapporto della commissione della camera medica Berlino lino-Brandeburgo, con Mendel come uno dei firmatari, è stato particolarmente negativo, sostenendo che il numero di successi con l'ipnoterapia in condizioni isteriche era diminuito negli ultimi anni poiché il metodo era diventato più ampiamente conosciuto tra il pubblico ed era stato privato dei suoi aspetti apparentemente meravigliosi e soprannaturali.

Il rapporto ha anche messo in guardia dal pericolo di ipnosi che peggiora i pazienti isterici e incline all'autosuggestione, specialmente se applicato da guaritori laici.

Senza essere in grado di fornire statistiche, i commissari di Berlino affermarono che l'uso terapeutico dell'ipnosi era diminuito.

In confronto con gli accesi scambi del 1890, i risultati delle inchieste ministeriali si leggono come un anticlimax. Una possibile spiegazione potrebbe essere che l'ipnoterapia fosse stata sufficientemente normalizzata e che le sue indicazioni fossero ridotte a quelle condizioni in cui ci si poteva aspettare un miglioramento dal suo uso.

----

150 Aerztekammer für die Provinz Ostpreussen, Sitzung zu Königsberg, 18. Oktober 1902, Tagesordnungspunkt 3, Bericht über die Enquête betr. den Heilwerth der Hypnose, referente Pindowski, ibidem. , fols 119v – 120v; Aerztekammer der Rheinprovinz und der Hohenzollern'schen Lande, Sitzung in Coblenz, 12. November 1902, Tagesordnugspunkt 2, Erlass des Herrn Ministers vom 5. April 1902, betr. die Hypnose, ibidem. , fols 191v – 193v.

Dopo che il Ministero aveva lanciato una nuova inchiesta nel giugno 1906, i rapporti mostravano l'esistenza di 226 guaritori laici che usavano ipnosi, suggestione, magnetismo o metodi simili in 37 distretti governativi prussiani, tra cui Berlino, dove 97 di loro praticavano, ma apparentemente solo 16 medici applicavano l'ipnosi.

Senza riporre troppa fiducia nell'accuratezza di tali dati, sembra che la professione medica si sia disincantata con il metodo, mentre un numero crescente di praticanti laici sembra usarlo.

In effetti, nel regno politico, la questione della terapia ipnotica da parte dei guaritori laici e dei suoi apparenti pericoli è rimasta viva. Il 4 marzo 1910, un delegato del Reichstag, Neuner, parlò di questo argomento, chiedendo una legislazione che consentisse l'applicazione dell'ipnosi solo da parte dei medici.

Due pericoli, ha detto, hanno motivato questa richiesta: che l'ipnosi potrebbe essere facilmente abusata per aver commesso crimini e che l'ipnotizzazione negligente danneggerebbe la salute e la vita delle persone.

A suo avviso, il metodo era necessario in campi medici come la neurologia, ma dovrebbe essere "un monopolio del dottore e della scienza".

Nella sua risposta, il segretario dell'Interno, Delbrück, ha promesso che la futura legislazione generale sui guaritori laici avrebbe proposto una soluzione.

Tuttavia, il progetto di legge pertinente (risalente al 1907) non ebbe successo e fu respinto da una commissione parlamentare nel 1911. Il Reichstag non era disposto a sacrificare il "diritto alla cura" di tutti, che, come detto, riguardava gli ipnotizzatori laici(151).

Alla fine, la prima guerra mondiale ha richiesto attenzione su questioni più urgenti. Solo le dimostrazioni pubbliche di ipnosi sul palcoscenico continuarono a essere vietate, sulla base di un decreto del Ministero dell'Interno del luglio 1903, che fu ribadito nel 1919.

In effetti, quando i soldati tornarono dalle prime linee, la proposta ipnotica acquisì un altro campo di applicazione medica nel trattamento delle nevrosi di guerra, aprendo un nuovo capitolo di sforzi per legittimare il metodo.

Durante gli anni 1890 la terapia di suggerimento ipnotico fu intensamente discussa tra medici e psichiatri di lingua tedesca.

Mentre i suoi sostenitori hanno visto una vasta gamma di applicazioni, soprattutto nei disturbi nervosi, senza

----

151 Teichler, op. cit. (nota 6), pagg. 190–191, 198–201. L'abolizione del "diritto alla cura" generale avrebbe potuto avere la conseguenza indesiderata di un "dovere di cura" legale per i medici, una considerazione che alla fine ha portato al fallimento del progetto di legge sui guaritori laici. Vedi ibid. , p. 201

effetti collaterali significativi, i critici del metodo hanno sottolineato che potrebbe peggiorare la salute dei pazienti, innescando attacchi isterici e causando spiacevoli effetti collaterali.

Le prove fornite dai difensori del metodo, come nelle relazioni degli esperti internazionali raccolte dal medico di Berlino Grossmann nel 1894, variavano ampiamente, dai resoconti personali dei singoli trattamenti ai riassunti tabulati di oltre mille casi.

Il danno da ipnosi che i critici temevano era illustrato da alcuni studi, ad esempio quelli di Friedrich a Monaco, e spesso semplicemente affermato in base all'esperienza terapeutica.

Sia i critici che i difensori del metodo hanno riconosciuto il problema della simulazione, sebbene quest'ultimo abbia sostenuto che, anche se i pazienti avessero confessato di aver simulato lo stato ipnotico, avrebbero potuto ancora sbagliare su questo e di fatto erano stati sotto l'influenza dell'ipnotizzatore.

Il pericolo di abusi del metodo è stato ampiamente discusso. Mentre la paura di istigare crimini su suggerimento ipnotico era in gran parte basata su prove di "laboratorio" o "salone" piuttosto che su casi reali, ci sono stati alcuni casi inquietanti di presunto sfruttamento sessuale dei pazienti da parte di ipnotizzatori.

Le autorità legali, tuttavia, erano riluttanti ad accettare i conti di pazienti, donne ipnotizzate come dichiarazioni valide; le punizioni, se date, erano legate a reati collaterali, non alle accuse di stupro di una persona priva di forza di volontà.

I risultati delle indagini ministeriali prussiane del 1902 e del 1906 indicarono solo un numero limitato di medici e un numero crescente di guaritori laici che utilizzavano l'ipnosi e nessun danno grave alla salute causato dal metodo.

Mentre il divieto prussiano del 1881 di esibizioni pubbliche di ipnosi fu ripetuto nel 1903 e nel 1919, le terapie ipnotiche rimasero legali sotto il "diritto di cura" generale della Germania, sia da parte di medici che di praticanti laici.

Il discorso tedesco sull'ipnotismo intorno al 1900 era quindi caratterizzato da una varietà di aspetti, che si estendevano dalle differenze mediche relative all'efficacia terapeutica del metodo e ai rischi per la salute, passando per le incertezze sull'autenticità del comportamento dei pazienti nei confronti dei loro ipnoterapeuti, fino alle questioni di genere nella questione di abusi di ipnosi e preoccupazioni sulla sicurezza dei trattamenti da parte di guaritori laici.

Il suggerimento ipnotico era ampiamente percepito come una terapia problematica.

All'inizio del ventesimo secolo, sembra che molti medici tedeschi preferissero farne a meno, considerandolo non essenziale.

3.2 I pericoli derivanti dai fallimenti della de-ipnotizzazione

Una delle possibili complicanze del lavoro con l'ipnosi,
nonché preoccupazione per alcuni, è la difficoltà di allertare il
paziente dalla condizione ipnotica. Sebbene tali reazioni
avverse siano rare e raramente osservate, sono state notate per
molti anni.

Vengono presentati due casi di incapacità di de-ipnotizzare e
si discute sulle implicazioni per la gestione clinica delle
dinamiche che sono state trovate essere causalmente correlate
a tale comportamento.

Una delle possibili implicazioni nel lavorare con l'ipnosi sta
incontrando difficoltà nell'allertare il paziente (de-
ipnotizzare), che è anche una preoccupazione espressa di
alcuni pazienti(152), sebbene tale comportamento sia stato
osservato raramente.

La letteratura che tratta questo fenomeno contiene
principalmente resoconti aneddotici, piuttosto che una
comprensione concettuale specifica.

La maggior parte di questi brevi resoconti sottolineano un
cambiamento di tecnica da parte del medico come rimedio,
anche se molti sembravano riconoscere in anticipo che
potrebbe esserci una fabbrica nella difficoltà.

---

152 MacHovec, E. J. (1986). Complicanze di ipnosi: prevenzione e gestione
del rischio. Springfield, Illinois: C. Thomas.

Lafontaine, una delle prime autorità, si concentrò sul ruolo del clinico e raccomandò che in caso di difficoltà il mesmerista dovesse "mantenere tutta la sua calma" e quindi "immergere le mani in acqua dolce", dopo di che le procedure di allerta basate su passaggi manuali erano da riprendere(153).

Elliotson(154) ed Esdaile(155) sostenevano entrambi di sollevare le palpebre individuali e di soffiare sugli occhi e sul viso esposti. Vincent(156) propose di spruzzare acqua sul paziente, e Dubor(157) impartì forti e bruschi comandi per "svegliarsi".

Quasi un secolo e mezzo fa, Du Potet de Sennevoy(158), un importante teorico francese, scrisse di aver magnetizzato due ragazze e di essere preso dal panico quando non fu in grado di allertarle per diverse ore. Non ha notato come alla fine ha gestito il problema.

Bernheim(159), un architetto principale della scuola di

----

153 Lafontaine, C. (1860). L'art de magnetisme (L'arte del magnetismo) (2a edizione). Parigi: Baillière.
154 Elliotson, J. (1843). Casi di cura per mesmerismo, Zoista 2, 161–208
155 Esdaile, J. (1846). Mesmerismo in India e sua applicazione pratica in chirurgia e medicinale. Londra: Longman, Brown, Green & Longmans.
156 Vincent, R. H. (1893). Gli elementi dell'ipnotismo. Londra: Kegan Paul, Trench 7 Treubner.
157 Dubor, G. (1922). I misteri dell'ipnosi (tradotto dal francese). Londra: ciclista
158 Du Potet De Sennevoy, J. D. (1852). La magie dévoiletée (Magia svelata). Parigi: Pormmeret C Moreau
 159 Bernheim, H. M. (1881). De la suggestion dans l'état hypnotique et dans l'état de veille (Concerning suggestion in the hypnotic and in the awake state). Pans: Octave Doin

Nancy della fine del diciannovesimo secolo, osservò con astuzia che era un ipnotizzatore e quindi fece sforzi frenetici per allertare un paziente, quest'ultimo avrebbe quindi segnalato che c'era un problema critico e, rispondendo all'angoscia del medico come suggerimento indiretto, non avrebbe avvisato.

Williams(160) in seguito ha citato diversi casi in cui gli individui sono rimasti in ipnosi per periodi che vanno da un'ora o meno a un massimo di 12 giorni in un caso, e ha sottolineato che il modo più efficace di affrontare i problemi incontrati nell'allerta era attraverso la comprensione i fattori intrapsichici coinvolti.

Negli anni più recenti, Hartland(161) sosteneva che le rare difficoltà nel porre fine all'ipnosi potevano verificarsi sia come difesa, sia come malinteso da parte del paziente su ciò che era previsto, o come evitamento di suggerimenti post-ipnotici personalmente inaccettabili.

Bramwell(162) aveva precedentemente descritto due situazioni in cui si presentavano difficoltà a causa delle spiacevoli istruzioni post-ipnotiche fornite ai pazienti che le avevano poi respinte.

D'altra parte un'altra possibilità è che un paziente possa trovare piacevole l'esperienza ipnotica e quindi non voler abbandonarla.

----

160 Williams, G. W. (1953). Difficulty in dehypnotising. Journal of Clinical and Experimental Hypnosis, 1, 3–12.
161 Hartland, J. (1971). Medical and dental hypnosis and its clinical applications (2nd ed.). London: Baillière.
162 Bramwell, J. M. (1921). Hypnotism. London: William Riley .

In sintesi, è stato raggiunto un consenso nel settore sul fatto che il problema è raro e che l'ipnosi stessa è una procedura generalmente sicura con praticamente nessuna conseguenza negativa significativa, a condizione che sia utilizzata da professionisti competenti in modi appropriati(163).

Un seminario sull'applicazione clinica dell'ipnosi veniva presentato ai professionisti della salute mentale di un grande centro medico militare. I partecipanti erano il personale, residenti e stagisti.

Ad un certo punto del programma del seminario, i partecipanti sono stati divisi in gruppi di due persone ciascuno in modo da poter praticare le tecniche di induzione tra loro.

Ogni squadra era collocata in un ufficio separato e l'istruttore del corso fungeva da osservatore e supervisore in circolazione.

Durante una sessione di esercitazioni in laboratorio, uno dei partecipanti, che si stava esercitando come ipnotizzatore, si preoccupò quando, nonostante vari tentativi, non fu in grado di allertare il residente.

Alla presenza dell'istruttore, al tirocinante è stato chiesto di tentare ancora una volta di allertare, il che ha avuto esito negativo, così come un tentativo di comunicare verbalmente con il residente.
Il tirocinante e diversi curiosi sono stati quindi

---

163 Coe, W. C., & Ryken, K. (1979). Hypnosis and risks to human subjects. American Psychologist 34, 673– 81.

invitati a lasciare la stanza, dopo di che la porta è stata chiusa. Quando i due furono soli, l'istruttore disse al residente ancora ipnotizzato che avrebbe potuto rispondere con un dito ideomotorio se avesse potuto ascoltarlo, e il residente obbedì.

L'istruttore ha quindi proposto che entrambi discutessero dell'evento in privato dopo che il residente ha allertato e un altro segnale ideomotorio ha indicato l'accordo.

Dopo un "alzandosi" tranquillamente, il residente ha riferito di essere stato pienamente consapevole durante la situazione che l'ipnotizzatore tirocinante stava cercando di allertarlo e che l'istruttore del laboratorio era stato portato per assistenza.

Ulteriori discussioni hanno messo in evidenza che l'ipnotizzatore tirocinante era il direttore della formazione in residenza presso il centro medico, un individuo duro che era temuto e non gradito a causa del suo trattamento ostile e tirannico dei residenti nel suo programma, uno dei quali era l'argomento, un primo residente che era sotto diversi gradi militari sotto il direttore della formazione.

Con una risata, il residente ha quindi espresso il suo richiamo all'allarme e all'angoscia del direttore della formazione quando l'allerta non ha avuto successo.

Dopo ulteriori discussioni, ciò che divenne evidente fu che l'incapacità del residente di essere avvisato era in realtà una dimostrazione del suo risentimento represso nei confronti del capo del programma di formazione in residenza.

Inoltre, a causa della sua non conformità, il residente è stato in grado di far sentire il direttore della formazione ansioso, imbarazzato e sconvolto in circostanze sicure e socialmente funzionanti, il che ha causato al direttore della formazione di "perdere la calma" e apparire incompetente davanti ai suoi colleghi e al seminario capo.

Il residente fu così finalmente in grado di esprimere la sua rabbia verso il suo superiore e, sebbene non fosse in grado di mostrare apertamente questi sentimenti, lo fece indirettamente per l'estremo disagio che causò quando il direttore della formazione non fu in grado di allertarlo.

La moglie 36enne di un ufficiale di marina è stata deferita dal suo neurologo per intervento ipnotico per aiutare la gestione del dolore. Quattro anni prima del rinvio, la paziente e la sua famiglia avevano risieduto in Giappone dove suo marito era stato in una struttura militare americana.

Poco dopo il suo arrivo lì, aveva sviluppato un disturbo neurologico uno dei cui sintomi era il dolore.

Quando i farmaci si dimostrarono inefficaci, venne a sua volta riferita a un medico che usava con successo l'ipnosi come analgesico.

Dopo diversi anni in Giappone, durante i quali il dolore era efficacemente controllato dall'ipnosi, la famiglia fu trasferita negli Stati Uniti continentali dopo la conclusione del servizio del marito.

Diversi mesi prima dell'attuale referral, il disagio del paziente aveva iniziato a ripresentarsi e, come in precedenza, i farmaci non erano utili.

Di conseguenza chiese al suo neurologo un rinvio per l'ipnosi. Di conseguenza, la paziente è arrivata con motivazione e aspettativa positive e un'esperienza precedentemente riuscita con l'ipnosi per un sintomo che stava di nuovo causando la sua crescente preoccupazione.

Ha risposto rapidamente a un classico paradigma di induzione basato sulla chiusura delle palpebre, sul conto alla rovescia numerico e suggerimenti per il relax.

Dopo un periodo di facilitazione della profondità, sono stati forniti suggerimenti appropriati per l'abbattimento del dolore, dopodiché al paziente sono state fornite istruzioni di allerta basate sul conteggio numerico.

Tuttavia, non rispose come previsto, e in effetti sembrò continuare a essere almeno nella stessa profondità di trance di prima, se non più in profondità. I suggerimenti di allerta sono stati ripetuti più volte, ma il paziente ha continuato a non mostrare alcuna risposta.

Riconoscendo che ci deve essere una ragione valida e sufficiente per la sua incapacità o riluttanza a conformarsi, le è stato inizialmente chiesto come si sentiva.
La sua risposta lenta, monotona e appena percettibile fu: "Fantastica", e non mostrò evidenti indicazioni cliniche di dolore o altro disagio. Al contrario, ha continuato ad apparire rilassata ed efficacemente ipnotizzata.

Alla paziente fu quindi chiesto cosa stesse pensando e la sua risposta fu che aveva paura di aprire gli occhi.

Nell'affrontare contemporaneamente l'obiettivo terapeutico dell'appuntamento (gestione del dolore), la resistenza e l'incapacità del paziente di allertare, e le sue esigenze di sicurezza interiore, tutte convergenti, è stato quindi detto quanto segue, in modo lento, fermo e sicuro di sé.

Le fu detto che era al sicuro, che il suo dolore era sparito e che non era necessario che si ripresentasse, che capisse perché avesse paura e che le sarebbe stato mostrato come avere l'ipnosi sempre disponibile, quando e se avesse scelto di usarlo.

Le è stato chiesto se avesse capito quello che le era stato detto, e un segnale ideomotorio del dito indicava che aveva compreso.

A quel punto, il processo di allerta è stato ripetuto e questa volta la paziente ha risposto aprendo gli occhi, muovendosi e mostrando altre indicazioni di normale allerta.

Inoltre sorrise spontaneamente e, quando le fu chiesto come si sentiva, rispose con voce ferma che si sentiva benissimo. Alla paziente è stata quindi insegnata l'autoipnosi con la gestione del dolore come obiettivo terapeutico.

Le fu consigliato che, nel caso in cui desiderasse sentirsi "ancora più a suo agio di quanto non lo fosse già", che era in effetti un suggerimento post-ipnotico di rinforzo, poteva trovare un posto tranquillo a sua scelta dove sdraiarsi, sedersi comodamente, come nell'ufficio del terapista.

Avrebbe quindi contato lentamente da 10 a 1, quando si sarebbe sentita "molto più rilassata e compiaciuta rispetto a quando ha iniziato e senza dolore. "

Le è stato anche detto che poteva contattare il suo terapeuta in qualsiasi momento se avesse sentito il bisogno di farlo. Fu vista per una visita di rinforzo la settimana successiva, durante la quale la gestione del dolore e le istruzioni auto-ipnotiche furono ripetute senza incidenti.

Successivamente, il suo neurologo di riferimento ha riferito tre mesi dopo il trattamento che la paziente ha continuato a essere libera dal dolore dirompente.

In entrambe le situazioni le istruzioni per allertare erano inizialmente quelle che erano state efficaci e utilizzate senza difficoltà in molti altri casi.

Nel gestire il problema in quel momento, il principio psicologico guida era che tutti i comportamenti sono intenzionalmente o inconsciamente destinati a soddisfare le esigenze del paziente e quindi l'incapacità di allertare riflette la necessità del paziente di non farlo per un importante motivo personale.

Nell'analisi retrospettiva di questi due casi, era evidente che tali dinamiche centrate sul paziente erano in atto e il ruolo dell'aspettativa impostato nel comportamento ipnotico è stato ampiamente dimostrato.

Fromm(164) ha proposto che ci siano due forme per far fronte alle esigenze della realtà in entrambi i quali l'ego in senso psicoanalitico mantiene la sua relativa autonomia dalle esigenze ambientali.

Nel coping creativo, gli individui soddisfano attivamente le richieste del mondo esterno e le controllano o le modificano al proprio ritmo, mentre nel coping protettivo una persona difende dalle richieste originate dall'ambiente intraprendendo azioni controllate dall'ego che sono prive di completa padronanza.

Fromm[165] descrisse un caso di una giovane donna che non avvertì perché l'ipnosi le aveva inconsciamente ricordato l'anestesia, e diversi anni prima aveva rifiutato per giorni di uscire dall'anestesia dopo una tonsillectomia per paura di soffrire di dolore, così come sua madre dopo un altro intervento chirurgico. Questa situazione è simile al secondo caso descritto sopra.

Fromm ha anche sottolineato che possono esserci una serie di ragioni per cui alcuni individui non allertano, incluso il loro bisogno di impegnarsi in un gioco di potere basato sul transfert con il terapeuta o come dimostrazione del loro bisogno per attenzione.

Il residente del centro medico, sopra descritto, stava manifestando il suo risentimento e la relativa necessità di vendicarsi in sicurezza con il suo duro direttore della formazione e lo ha fatto in modo efficace, non verbale e nascosto, senza rischi di punizione per sé stesso.

----

164 Fromm, E. (1972). Ego activity and ego passivity in hypnosis. International Journal of Clinical and Experimental Hypnosis, 20, 238–251.

165 Ibidem

Era evidente che la resistenza del residente rappresentava l'autocontrollo, e non una perdita di controllo, sulla situazione di allarme.

Le dinamiche nel secondo caso erano più psicologicamente basilari ma non meno importanti per quel paziente, perché il suo bisogno di attenuare il dolore era fondamentale ed era consapevole per esperienza precedente che l'ipnosi poteva essere utile per raggiungere quell'obiettivo.

Nella sua situazione, la chiusura delle palpebre, che era parte integrante del trattamento ipnotico, serviva a simboleggiare la soppressione del dolore.

Non aprendo gli occhi, un comportamento che faceva parte del paradigma di allerta, stava cercando difensivamente di prevenire il ritorno del dolore.

Il comportamento della paziente può anche essere inteso come avere possibili implicazioni in quanto avrebbe potuto recitare un ruolo dipendente in modo che il terapeuta si prendesse cura di lei.

Nel darle i suggerimenti post-ipnotici come notato, la paziente è stata aiutata ad avere una maggiore sensazione di autocontrollo, e il suo ruolo nel rimanere libero dal dolore è stato sottolineato.

Questo approccio utilizzava i suoi punti di forza intrinseci. È chiaro che in entrambi questi casi, gli individui avevano il controllo delle loro situazioni e delle importanti esigenze personali del momento.

I professionisti che possono riscontrare il raro problema dell'incapacità di de-ipnotizzare i propri pazienti dovrebbero comprendere che il paziente si impegna in tal modo a controllare il proprio comportamento per motivi personalmente significativi.

Comprendere queste ragioni come difese, eludere e persino usare tali difese, consente una risoluzione efficace del problema.

3.3 I pericoli causati dalla coercizione

L'ipnosi è stata vista da molti come una tecnica che evoca un indebito differenziale di potenza tra paziente e terapista.

Le immagini di Svengali che controllano le sue vittime indifese, gli zombie ambulanti e gli individui che espongono involontariamente i loro segreti più oscuri, possono essere comuni sia ai clinici che ai pazienti che non hanno familiarità con l'ipnosi.

La maggior parte dei terapisti che sono stati addestrati nell'ipnosi evitano queste false immagini, ma continuano le preoccupazioni riguardo al controllo indebito nella relazione ipnotica.

Ci sono molte ragioni possibili per la percezione, sia tra i clinici che i pazienti, che l'ipnotizzatore eserciti un controllo che porta ad atti involontari.

L'addestramento formale all'ipnosi spesso non include spiegazioni teoriche approfondite; pertanto, i professionisti potrebbero non avere una conoscenza adeguata.

Walling and Baker, "in un sondaggio su 424 programmi di internato in psicologia, ha scoperto che il 50% ha offerto formazione sull'ipnosi con una media di sette ore di durata.

Un sondaggio analogo sui programmi di residenza psichiatrica ha rivelato che il 63% offre un addestramento all'ipnosi con una media di otto ore. Chiaramente, i vincoli temporali precludono la presentazione di qualcosa di più di un'introduzione alla tecnica.

Rodolfa(166)ha scoperto che il 66% dei medici addestrati ha ricevuto l'educazione all'ipnosi in seminari non accademici. Molti di questi seminari si concentrano sull'applicazione dell'ipnosi e trascurano le basi teoriche.

I medici che sono stati addestrati nella tecnica, ma non sono stati esposti alla letteratura di ricerca, potrebbero facilmente mantenere false credenze sull'ipnosi nonostante i dati scientifici disponibili.

Il sondaggio di Yapko su 869 psicoterapeuti ha rivelato che il 18% degli intervistati, incluso il 14% che era stato formalmente addestrato nell'ipnosi, credeva che una persona ipnotizzata non potesse mentire.

A complicare la confusione sta il fatto che studi di casi pubblicati suggeriscono che l'ipnosi induce alcuni individui a partecipare a comportamenti avversi.

I medici scarsamente addestrati possono avere le loro false credenze rafforzate da quelle dei pazienti.

----

166 Rodolfa, E., Kraft, W., & Reilley, R. (1985) Tendenze attuali nell'ipnosi e nell'ipnoterapia: una valutazione interdisciplinare. American Journal of Clinical Hypnosis, 28, 20-26 167 Lynn, S., Rhue, J., & Weekes, J. (1990) Involontarietà ipnotica: un'analisi cognitiva sociale. Revisione psicologica, 97, 169-184

Molti pazienti che rispondono all'ipnosi credono che i cambiamenti che sperimentano siano involontari. Sebbene possa non essere vero che l'ipnosi eserciti un controllo involontario, questa nozione tende a migliorare l'autostima di un paziente come un buon soggetto ipnotico, a rafforzare le aspettative di risposta e a facilitare una serie di risposte positive(167).

Pertanto, i migliori pazienti possono essere quelli che credono che i cambiamenti ipnotici siano causati dall'ipnotizzatore "potente". Mentre ad alcuni pazienti potrebbe piacere l'idea di un potente ipnotizzatore, altri potrebbero essere spaventati da questa possibilità.

La preoccupazione di cedere il potere e il controllo all'ipnotizzatore è centrale nella paura che molti pazienti hanno dell'ipnosi. Il potere è un problema nella maggior parte delle terapie, in particolare quando si utilizza l'ipnosi.

Le percezioni del potere e dei differenziali di potere possono essere comunicate attraverso mezzi sottili che possono essere sconosciuti, anche al terapeuta. Poiché l'ipnosi è associata a un elemento significativo del controllo del terapeuta, può essere particolarmente attraente per i terapeuti che nutrono fantasie inconsce di essere "onnipotenti".

La nozione di controllo coercitivo di soggetti ipnotici è iniziata nel XIX secolo quando la reattività ipnotica è stata attribuita alla debolezza mentale e i soggetti sono stati percepiti come automi.

----

167 Lynn, S., Rhue, J., & Weekes, J. (1990) Involontarietà ipnotica: un'analisi cognitiva sociale. Revisione psicologica, 97, 169-184

L'uso dell'ipnosi può ulteriormente potenziare la questione del potere nella relazione terapeutica.

Inoltre, molti terapeuti potrebbero non riconoscere o riconoscere la questione del potere inerente la terapia "tradizionale".

Questa nozione continua per molti individui, in particolare quando la loro prima esposizione all'ipnosi consiste nel vedere uno stadio ipnotizzatore al lavoro, di solito sono gli ipnotizzatori di scena sgargiante e imponente.

Scelgono come soggetti quegli individui che hanno maggiori probabilità di seguire i loro comandi, perpetuando la nozione di controllo involontario.

I soggetti sembrano essere facilmente manipolati dall'ipnotizzatore che può, ad esempio, sostenerli mentre sono distesi tra due sedie, ordinarli di ballare o suggerire un numero qualsiasi di situazioni comprometenti.

Sembra al pubblico che l'ipnotizzatore sia "onnipotente". Echterling(168) suggerisce che l'impostazione scenica porta "i soggetti ad attribuire la causalità e il controllo all'ipnotizzatore".

Questa situazione perpetua così l'idea che la perdita di controllo è una componente del processo ipnotico. I miti sull'ipnosi sono ulteriormente perpetuati dai media

----

168 Echterling, L. (1988) Stadio contrastante e ipnosi clinica. American Journal of Clinical Ipnosi, 30, 276-284.

che tendono a rappresentare l'ipnosi come una forma di controllo mentale.

Spettacoli televisivi, cartoni animati per bambini e film mostrano tutti gli ipnotizzatori che controllano le vittime indifese.

E' molto più accattivante ritrarre l'ipnosi in questo modo che mostrare la realtà della maggior parte delle situazioni ipnotiche. La maggior parte della ricerca che ha esaminato se i soggetti eseguiranno atti quando ipnotizzati che non sarebbero in uno stato di veglia "normale" suggerisce che la nozione di "coercitività" è una percezione piuttosto che una realtà.

Orne "ha esaminato studi in cui ai soggetti è stato chiesto di rimuovere un centesimo da un becher di acido, maneggiare un serpente velenoso e lanciare acido su un assistente di ricerca.

Entrambi i soggetti ipnotizzati e non ipnotizzati hanno svolto questi compiti, suggerendo il coinvolgimento di fattori diversi dall'ipnosi. Una critica alla ricerca sulla coercizione è che la situazione sperimentale non replica il mondo reale.

I soggetti sperimentali possono compiere atti antisociali o avversi a causa della sicurezza implicita dell'ambiente di laboratorio.

I teorici socio-cognitivi sostengono che la risposta di un soggetto all'ipnosi è multi-fattoriale, basato su variabili contestuali, percezione del ruolo e soggetto individuale Secondo la posizione socio-cognitiva, l'involontarietà è una funzione della percezione del soggetto di una situazione, non dell'ipnosi(169).

Nonostante i risultati della ricerca, un numero considerevole di studiosi, clinici e pazienti continuano a credere che l'esperienza ipnotica contenga una componente involontaria.

Le teorie sulla dissociazione e sulla neo-dissociazione suggeriscono che l'ipnosi migliora la capacità di separare le attività dalla coscienza(170).

Questa divisione consente il completamento di comportamenti al di fuori della consapevolezza cosciente, portando così alla percezione di involontarietà.

Sono state descritte forme estreme di coercizione nei casi in cui presumibilmente i soggetti sono stati prima ipnotizzati e poi aggrediti sessualmente(171).

---

169 Coe, W., & Sarbin, T. (1991). Teoria dei ruoli: ipnosi dal punto di vista drammaturgico e narrativo prospettiva. In S. Lynn e J. Rhue (a cura di) Teorie dell'ipnosi: modelli attuali e prospettive. New York: Guilford.

170 Bowers, K. (1994). Tre livelli di coscienza: implicazioni per la dissociazione. In R. Klein & B. Doane (Eds.) Concetti psicologici e disturbi dissociativi. Lawrence Erlbaum Associates: New Jersey

171 Venn, J. (1988) Uso improprio dell'ipnosi in contesti sessuali: due casi clinici. American Journal of Ipnosi clinica, 36, 12-1 8

Hoencamp[172] riporta nove casi in cui i soggetti sono stati aggrediti sessualmente dallo stesso ipnotizzatore laico.

I soggetti hanno riferito la non volizione e l'incapacità di resistere all'assalto.

Altri casi hanno descritto episodi in cui l'ipnotizzatore ha involontariamente introdotto suggerimenti che hanno provocato danni al paziente.

Kline[173] lo dimostra attraverso il caso di un ipnotizzatore che ha suggerito a un paziente che un eccesso di cibo provocherebbe l'impulso di uccidere il suo cane.
Il risultato fu che la paziente uccise il suo animale domestico.

Orne sostiene che mentre può essere convincente assumere una relazione tra ipnosi e atti inaccettabili (cioè uccidere il proprio animale domestico, relazioni sessuali), ciò non significa che uno effettivamente esiste.

Egli afferma che l'ipnosi può servire come uno dei tanti fattori sociali che facilitano la volontà di un individuo di assumere determinati comportamenti.

----

172 Hoencamp, E. (1990). Abuso sessuale e abuso di ipnosi nella relazione terapeutica. La Rivista internazionale di ipnosi clinica e sperimentale, 38, 283-297.

173 Kline, M. V. (1972) La produzione di comportamento antisociale attraverso l'ipnosi: nuovi dati clinici. La Rivista internazionale di ipnosi clinica e sperimentale, 20, 80-94.

Orne indica situazioni in cui le relazioni terapeutiche sono sessualizzate senza l'uso dell'ipnosi e il problema del transfert, per sostenere che l'ipnosi non può essere dimostrata come una" condizione necessaria "in questi esempi.

In sintesi, la maggior parte delle ricerche supporta l'ipotesi che lo stato ipnotico non sia uno che eserciti un controllo involontario. Tuttavia, un'opinione alternativa significativa continua a influenzare clinici e pazienti.

Sebbene la questione se il comportamento tenuto dal paziente durante l'ipnosi sia volontario è stato esaminato, il problema della percezione del potere inerente al ruolo dell'ipnotizzatore è raramente indirizzata.

La relazione terapeutico-paziente ha al suo interno un differenziale di potere intrinseco(174).

Il terapeuta viene consultato quando gli stress della vita sopraffanno un paziente. Viene pagato per ascoltare il paziente e offrire consigli educati.

Il paziente va nell'ufficio del terapista e ammette di avere problemi di vita. Tutti questi fattori possono indurre un paziente ad assumere una posizione gerarchicamente inferiore a quella del terapeuta.

----

174 van Mens-Verhulst, J. (1991). Prospettiva del potere nelle relazioni terapeutiche. American Journal di psicoterapia, 45, 198-210

Fisch ed altri(175) affermano che "la relazione terapeuta-paziente implica una posizione di presunto potere". I pazienti cercano terapisti perché presumibilmente sono "più saggi" e quindi in grado di aiutare a risolvere i problemi(176).

Pertanto, la relazione terapeutica ha il potenziale per un estremo squilibrio di potere.

Questo differenziale di potenza aumenta quando una tecnica, come l'ipnosi, viene impiegata a causa della nozione popolare che suggerisce che il terapeuta ha la capacità di dirigere i sentimenti e i comportamenti del paziente.

I pazienti che credono che i cambiamenti indotti dall'ipnosi siano dovuti agli sforzi dell'ipnotizzatore piuttosto che alla loro stessa volontà, possono nutrire la fantasia che il terapeuta abbia il potere di "magicamente" far scomparire i problemi.

Questa dinamica può essere particolarmente predominante tra i pazienti più vulnerabili, che soffrono maggiormente del dolore emotivo o che sono stati costretti come modello nella vita. Particolari tecniche ipnotiche possono potenziare il differenziale di potenza tra terapeuta e paziente.

Gli approcci autoritari sono specificamente adatti a perpetuare il concetto di controllo.

---

175 Fisch, R., Weakland, J., & Segal, L. (1982) The tactzcs of change. San Francisco: Jossey Bass.
176 Kluft, R. (1989) Trattare la paziente sfruttata sessualmente da un precedente terapista. Cliniche psichiatriche del Nord America, 12, 483-500.

Ai soggetti viene detto cosa fare, ad esempio "Chiudi gli occhi e ascolta la mia voce" e ciò che stanno vivendo, ad esempio "Ti senti rilassato ora".

L'implicazione è che l'ipnotizzatore sa e può dirigere ciò che il paziente sta vivendo, e il paziente seguirà i suggerimenti offerti.

Gilligan(177) afferma che l'approccio autoritario si concentra sul "potere dell'ipnotizzatore" e non consente "l'unicità di ogni soggetto".

Anche l'ipnosi permissiva, come proposto dai seguaci di Milton Erikson, ha una direttiva intrinseca.

A differenza di quelli che descrivevano Erickson come non direttivi, Hilgard(178) lo definiva un "regista" che creava ruoli per i suoi pazienti, che poi svolgevano.

L'aspetto del controllo diventa sempre più evidente nei numerosi libri scritti sulle tecniche "Ericksoniane".

----

177 Gdigan, S. (1987) Trance terapeutiche: il principio di cooperazione nell'ipnoterapia ericksoniana. Nuovo York: Brunner / Mazel.

178 Hilgard, E. (1988) Milton Erickson come drammaturgo e regista. Rivista internazionale di Clinicaland Ipnosi sperimentale, 36, 128-139.

All'interno di questi ci sono formule da usare per ripetere il lavoro di Erickson: stimolazione(179) comandi incorporati(180), e confusione(181) servono tutti come metodi per manipolare il cliente.

Molti studiosi hanno discusso dei poteri della relazione psicoterapica(182): Wolberg suggerisce che è questa relazione tra il paziente e l'ipnotizzatore che porta sollievo terapeutico al primo utilizzo dell'ipnosi.

L'impatto del differenziale di potenza nelle qualità terapeutiche della relazione non è chiaro.

Come accennato in precedenza, i soggetti ipnotici che percepiscono le loro azioni come involontarie hanno maggiori probabilità di rispondere al suggerimento ipnotico(183).

È ragionevole supporre che il differenziale di potenza sarebbe aumentato quando i pazienti ritengono le loro azioni involontarie.

----

179 Bandler, R., & Grinder, J. (1979) Frogs into princes. Real People Press. Moab, Utah.
180 Erickson, M. (1985). In E. Rossi e M. Ryan (a cura di) La vita si riformula in ipnosi: i seminari, seminari e lezioni di Milton H. Erickson: Vol. 11. New York: Irvington
181 Erickson, M. (19641980) The confusion technique in hypnosis. In E. Rossi (Ed.), The nature of hypnosis and suggestion: The collected papers of Milton H. Erickson on hypnosis: Vol. I. New York: Irvington
182 Truant, G., & Lohrenz, J. (1993). Basic principles of psychotherapy: I. Introduction, basic goals, and the therapeutic relationship. American Journal of Psychotherapy, 47, 8-17.
183 Lynn, S. (1990) Is hypnotic influence coercive? AmericanJournal ofclinical Hypnosis, 32, 239-241.

La ricerca ha anche dimostrato che le relazioni sul comportamento involontario sono associate alle valutazioni del rapporto con l'ipnotista.

Se questa constatazione suggerisce che il differenziale di potenza può effettivamente aumentare il rapporto, o che una relazione con il rapporto probabilmente contiene un differenziale di potenza, è sconosciuto.

Questi risultati suggeriscono la possibilità che lo squilibrio di potere possa, di per sé, migliorare l'efficacia terapeutica quando si usa l'ipnosi.

Il bisogno o il desiderio di un terapeuta di un controllo indebito, spesso del tutto inconscio, può avere un effetto profondamente negativo sulla relazione terapeutica.

Può manifestarsi incolpando il paziente di fallimenti ipnotici o assumendosi la responsabilità personale per il successo del trattamento.

Alcuni terapeuti possono percepire l'ipnosi non come uno sforzo congiunto ma come un atto perpetuato su un'altra persona. Orne(184) descrive i segni che suggeriscono il potere inconscio e / o problemi di controllo da parte del terapeuta.

Alcuni di questi segni includono l'uso dell'ipnosi con tutti i pazienti, godendo dell'induzione dell'ipnosi

---

184 Ome, M. (1972) Un soggetto ipnotizzato può essere costretto a svolgere altrimenti inaccettabili comportamenti? The InternationalJournal of Clinical and Experimental Hypnosis, 20, 101-1 17

piuttosto che preoccuparsi della sua applicazione,
sperimentando l'induzione dell'ipnosi come una "battaglia
di volontà" ed essere sopraffatti dalla profondità della trance.

L'uso dell'ipnosi deve essere considerato attentamente,
specialmente quando un paziente è sospettato di cercare una
"cura miracolosa" o di sperare di essere "salvato".

Alcuni pazienti sono estremamente confortati dalla
convinzione che il terapeuta sia potente, che il terapeuta abbia
il potere di salvarne uno dai propri problemi.

Tali pazienti potrebbero non assumersi la responsabilità della
loro parte della relazione terapeutica, ma potrebbero voler
fare qualcosa piuttosto che agire.

La posizione complementare è quella del terapeuta che crede
in modo inappropriato che il paziente abbia bisogno di
"salvare" e di essere responsabile e capace di "salvare il
paziente".

In questa situazione, l'ipnosi può essere utilizzata in modo
improprio per rispondere ai bisogni o ai desideri inappropriati
sia del paziente che del terapeuta.

I pazienti con diagnosi di Disturbo di personalità
dipendente(185) forniscono un esempio di individui che
potrebbero essere vulnerabili alla fantasia che l'ipnotizzatore
abbia il controllo.

----

185 Rodolfa, E., Kraft, W., & Reilley, R. (1985) Tendenze attuali nell'ipnosi
e nell'ipnoterapia: An valutazione interdisciplinare. American Journal of
Clinical Hypnosis, 28, 20-26

Questi individui hanno difficoltà a prendere decisioni e spesso si affidano ad altri per farlo.

Sono particolarmente vulnerabili a una relazione di trattamento malsana con un terapeuta che ha esigenze non esaminate o il desiderio di possedere potere nella relazione terapeutica.

Sebbene i problemi di alimentazione possano essere altrettanto forti senza l'ipnosi, l'uso dell'ipnosi può aumentare il differenziale di potenza tra paziente e terapista.

Un'altra popolazione particolarmente sensibile ai problemi di potere e controllo è quella dei sopravvissuti agli abusi.

Le persone che sono state abusate ripetutamente possono abituarsi ad essere controllate da altri e si aspettano che ciò accada.

Questi individui possono avere un senso di normalità alterato nelle relazioni, con conseguente tendenza ad aderire ciecamente ai suggerimenti di un terapeuta.

Questo può contribuire al desiderio di attribuire potere a una forza esterna (cioè il terapeuta) piuttosto che accettare la responsabilità della propria crescita.
Anche senza l'uso dell'ipnosi, tali individui sono inclini alla rivittimizzazione. L'aggiunta di ipnosi può aumentare la vulnerabilità e l'esperienza di non volizione del cliente.

L'addestramento per terapisti nell'uso dell'ipnosi deve includere molto più dei "dadi e bulloni" dell'induzione della trance.

Questioni di potere, controllo e coercizione devono essere affrontati all'inizio dell'educazione all'ipnosi.

I terapeuti devono essere istruiti sugli effetti che l'ipnosi può avere su un paziente e devono imparare a valutare i pazienti in merito all'adeguatezza degli interventi ipnoterapici.

L'ipnosi, come qualsiasi strumento terapeutico (ad es. Terapia della gestalt, modificazione comportamentale, psicoanalisi), dovrebbe essere insegnata con una logica e linee guida per il suo utilizzo.

Le informazioni sulle teorie dell'ipnosi dovrebbero sempre essere incluse. Esistono numerose teorie sull'ipnosi[186], e gli studenti dovrebbero averne una conoscenza di base.

La supervisione nella pratica dell'ipnosi è essenziale, ma spesso viene trascurata la questione della formazione continua e della supervisione.

La competenza con qualsiasi strumento terapeutico richiede formazione teorica e supervisione.

L'uso dell'ipnosi richiede che i supervisori esplorino le proprie fantasie di controllo e il potenziale danno che queste fantasie possono provocare se rimangono non riconosciute.

----

186 Gravitz, M. (1991) Le prime teorie sull'ipnosi: una prospettiva clinica. In S. Lynn e J. Rhue (a cura di). Teorie dell'ipnosi: modelli e prospettive attuali. New York: Guilford.

Di recente, l'American Society of Clinical Hypnosisj(187) ha
iniziato a richiedere 20 ore di consultazione con un
"consulente approvato" e 40 ore di formazione sull'ipnosi per
la certificazione dell'ipnosi.

Mentre questo è minimo rispetto ai requisiti di allenamento
per altre forme di terapia, è un inizio. Può essere difficile
avviare la presentazione di problemi teorici e la supervisione
della pratica poiché l'educazione all'ipnosi non è una
componente della maggior parte dei programmi di laurea o di
residenza.

Tuttavia, coloro che intendono utilizzare l'ipnosi in pratica
dovrebbero cercare queste opportunità. Mentre l'ipnosi non è
una teoria della psicopatologia, offre un modello per il
cambiamento.

La capacità di riconoscere il potere dell'ipnosi, con il suo
potenziale di guarigione e danno, è essenziale per una pratica
responsabile.

Tutte le relazioni psicoterapiche comportano il potenziale per
un differenziale di potenza tra terapeuta e cliente.

Questo differenziale può essere aumentato in ipnoterapia, in
gran parte a causa della percezione che il terapeuta è in grado
di esercitare il controllo attraverso l'ipnosi.

----

187 Venn, J. (1988) Misuse of hypnosis in sexual contexts: Two case reports.
American Journal of Clinical Hypnosis, 36, 12-1 8.

Sebbene la maggior parte delle ricerche suggerisca che la percezione di involontarietà da parte del paziente non è valida, molti pazienti e clinici mantengono questa convinzione.

Lo stile ipnotico può aumentare ulteriormente il differenziale di potenza. Le tecniche autoritarie implicano che il terapeuta è "in controllo" e può portare alla convinzione che il terapeuta, e non il cliente, sia il solo responsabile dei cambiamenti terapeutici.

Il differenziale di potenza nell'ipnoterapia può rivelarsi vantaggioso per il risultato terapeutico.

I clienti che credono che l'ipnosi induca uno stato involontario tendono a rispondere bene ai suggerimenti e, quindi, possono ottenere un risultato terapeutico superiore a quello dei clienti che non percepiscono il terapeuta come "onnipotente".

In alternativa, il differenziale di potenza comporta gravi rischi. Alcuni clienti potrebbero erroneamente ritenere di non avere alcuna responsabilità per il cambiamento terapeutico e, successivamente, non essere in grado di mantenere i propri guadagni quando non sono più in contatto con l'ipnotizzatore.

Altri possono essere così spaventati dalla possibilità di perdere il controllo che non sono disposti a tentare l'ipnoterapia.

I terapisti attratti dall'ipnosi a causa della necessità o del desiderio di potere sui propri clienti possono usare la tecnica in modo inappropriato.

Alcuni clienti possono essere particolarmente vulnerabili alla rivittimizzazione nella relazione ipnoterapica quando incontrano terapisti di controllo.

L'ipnosi, come altri strumenti terapeutici, ha dinamiche uniche che ne influenzano l'uso. I terapisti addestrati all'ipnosi sono avvisati del potenziale di queste dinamiche.

Haley[188] descrive l'ipnosi come "un tipo speciale di interazione tra due persone". Questa interazione deve essere rispettata per il potere intrinseco al suo interno e deve essere trattata di conseguenza.

La relazione unica tra ipnotizzatore e soggetto è stata teorizzata come una spiegazione dell'efficacia dell'ipnosi.

Questa relazione ha un differenziale di potere, presente nella maggior parte delle relazioni terapeutiche, ma accentuato dall'ipnosi. Il differenziale di potenza è talvolta percepito come la capacità dell'ipnotizzatore di controllare il soggetto.

Le percezioni dell'ipnosi offerte dagli ipnotisti del palcoscenico, dai media popolari e da alcuni clinici perpetuano l'idea che l'ipnotizzatore abbia la capacità di esercitare un'indebita influenza sul cliente.

In questa sede viene insomma esaminata la relazione tra ipnotizzatore e soggetto, concentrandosi su questioni di potere e controllo.

---

188 Haley, J. (1986) Terapia non comune: le tecniche psichiatriche di Milton H. Erickson, M.D. Nuovo York: Norton

Gli autori esaminano le dinamiche uniche che accompagnano l'uso dell'ipnosi e il loro impatto sulla diade terapeutica.

Vengono fornite prove che dimostrano il differenziale di potenza e come questo differenziale può servire come agente di cambiamento positivo o negativo.

I terapeuti dovrebbero essere consapevoli delle dinamiche create utilizzando l'ipnosi.

Sono suggerite implicazioni per la formazione di terapisti nell'uso dell'ipnosi.

Conclusione

L'ipnosi è uno stato mentale simile alla trance in cui le persone sperimentano maggiore attenzione, concentrazione e suggestionabilità.

Mentre l'ipnosi è spesso descritta come uno stato simile al sonno, è meglio espressa come uno stato di attenzione focalizzata, accresciuta suggestionabilità e vivide fantasie.

Le persone in uno stato ipnotico sembrano spesso assonnate e distrutte, ma in realtà si trovano in uno stato di iper-consapevolezza.

Mentre ci sono molti miti e idee sbagliate, l'ipnosi è un processo molto reale che può essere utilizzato come strumento terapeutico.

L'ipnosi ha dimostrato di avere benefici medici e terapeutici, in particolare nella riduzione del dolore e dell'ansia. È stato anche suggerito che l'ipnosi può ridurre i sintomi della demenza.

In alcuni casi, le persone potrebbero cercare l'ipnosi per aiutare a gestire il dolore cronico o per alleviare il dolore e l'ansia causati da procedure mediche come la chirurgia o il parto.

L'ipnosi è stata anche utilizzata per aiutare le persone con cambiamenti comportamentali come smettere di fumare, perdere peso.

L'esperienza dell'ipnosi può variare notevolmente da

una persona all'altra: alcuni individui ipnotizzati riferiscono di provare un senso di distacco o di estremo rilassamento durante lo stato ipnotico, mentre altri ritengono addirittura che le loro azioni sembrino avvenire al di fuori della loro volontà cosciente.

Altre persone possono rimanere pienamente consapevoli e in grado di effettuare conversazioni mentre sono sotto ipnosi.

Gli esperimenti del ricercatore Ernest Hilgard hanno dimostrato come l'ipnosi può essere utilizzata per alterare drasticamente le percezioni.

Dopo aver istruito un individuo ipnotizzato a non provare dolore al braccio, il braccio del partecipante è stato quindi posto in acqua ghiacciata.

Mentre gli individui non ipnotizzati hanno dovuto rimuovere il braccio dall'acqua dopo alcuni secondi a causa del dolore, gli individui ipnotizzati sono stati in grado di lasciare le braccia nell'acqua ghiacciata per diversi minuti senza provare dolore.

Mentre molte persone pensano di non poter essere ipnotizzate, la ricerca ha dimostrato che un gran numero di persone sono più ipnotizzabili di quanto credano.
La ricerca suggerisce che il 10-15% delle persone è molto sensibile all'ipnosi. I bambini tendono ad essere più sensibili all'ipnosi. Circa il 10% degli adulti è considerato difficile o impossibile da ipnotizzare Le persone che possono essere facilmente assorbite dalle fantasie sono molto più sensibili all'ipnosi.

Mentre ci sono molti posti che offrono formazione e certificazione sull'ipnosi, può essere utile cercare un professionista della salute mentale che è stato certificato dall'American Society of Clinical Hypnosis.

Il loro programma è aperto agli operatori sanitari con un master e richiede 40 ore di formazione per seminari approvate, 20 ore di formazione individuale e due anni di pratica nell'ipnosi clinica.

L'uso di stati di trance simil-ipnotici risale a migliaia di anni, ma l'ipnosi iniziò a crescere durante la fine del 18° secolo dal lavoro di un medico di nome Franz Mesmer.

La pratica è iniziata grazie alle visioni mistiche di Mesmer, ma l'interesse alla fine si è spostato su un approccio più scientifico.

L'ipnotismo divenne più importante nel campo della psicologia alla fine del XIX secolo e fu usato da Jean-Martin Charcot per curare le donne che vivevano quella che allora era conosciuta come isteria.

Questo lavoro ha influenzato Sigmund Freud e lo sviluppo della psicoanalisi.

Più recentemente, ci sono state diverse teorie per spiegare esattamente come funziona l'ipnosi.

Una delle teorie più note è la teoria della neo dissociazione dell'ipnosi di Hilgard.

Secondo Hilgard, le persone in uno stato ipnotico sperimentano una coscienza divisa in cui ci sono due diversi flussi di attività mentale.

Mentre un flusso di coscienza risponde ai suggerimenti dell'ipnotizzatore, un altro flusso dissociato elabora informazioni al di fuori della consapevolezza cosciente dell'individuo ipnotizzato.

Bibliografia

Alarcón, A., Capafons, A., Bayot, A., & Cardeña, E., Preference between two methods of Active-Alert hypnosis: Not all techniques are created equal. American Journal of Clinical Hypnosis, 1999.

Alman BM, Lambrou P. Self-hypnosis: The Complete Guide to Better Health and Self-change. New York: Brunner/Mazel, 1992

American Medical Association, Council on Scientific Affairs report on 'Scientific status of refreshing memories by the use of hypnosis'. Journal of the American Medical Association, 1985

American Psychological Association, Division of Psychological Hypnosis, Definition and description of hypnosis. Contemporary Hypnosis, 1994.

Andriopoulos S., Possessed: crimini ipnotici, finzione aziendale e l'invenzione del cinema (University of Chicago Press, 2008

Apkarian, A. V., Hashmi, J. A., e Baliki, M. N. Dolore e cervello: specificità e plasticità del cervello nel dolore clinico cronico. Dolore, 2010

Bandla H, Splaingard M. Sleep problems in children with common medical disor-ders, Pediatr Clin N Am, 2004

Bandler, R., & Grinder, J. Frogs into princes. Real People Press. Moab, Utah, 1979

Bandler, R., & Gringer, J. Patterns of the hypnotic techniques of Milton H. Erick-son, M.D. (Vol. 1). Cupertino, CA: Meta Publications, 1975

Bandura, A., Self-efficacy: Towards a unifying theory of behavior change. Psychological Review, 1977

Bányai, É., A new way to induce a hypnotic-like alert state of consciousness: Active- alert induction. In L. K. A. C. Pleth (Ed.), Problems of the regulation of activity, Budapest, Hungary: Akademiai Kiado, 1980 Barabasz,A., Barabasz, M., Jensen, S., Calvin, S., Travisan, M. & Warner, D., Critical event-related potentials show the structure of hypnotic suggestions is crucial. In-ternational Journal of Clinical and Experimental Hypnosis, 1999.

Barber TX. Hypnosuggestive procedures as catalysts for all psychotherapies in Lynn SJ, Garske JP, editors. Contemporary Psychotherapies: Models and Methods. Columbus, MO: Merrill Press, 1985

Barber, T.X. & Calverley, D.S., The relative effectiveness of task motivating instructions and trance induction procedure in the production of 'hypnotic like' behavior. Journal of Nervous and Mental Disease, 137, 1963

Barber, T.X., A deeper understanding of hypnosis: Its secrets, its nature, its essence. American Journal of Clinical Hypnosis, 2000.
Barnier, A. J., & Nash, M. R., Introduzione: una tabella di marcia per spiegazione, una definizione operativa. In M. R. Nash e A. Barnier (a cura di), Ricerca sull'ipnosi con-temporanea, Oxford, Inghilterra, 2008

Baumann F. Enuresis and encopresis in a pediatric practice in Wester WC, O'Grady DJ, editors. Clinical Hypnosis with Children. New York: Brunner/Mazel Publish-ers, 1991.

Becker PM. Chronic insomnia: outcome of hypnotherapeutic intervention in six cases. Am J Clin Hypn 1993.

Benedikt M., Hypnotismus und Suggestion. Eine klinisch-psychologische Studie (M. Breitenstein, Lipsia, 1894), M. Benedikt, Aus meinem Leben. Erinnerungen und Erörterungen, Carl Konegen, Vienna, 1906

Bernheim, H. M., De la suggestion dans l'état hypnotique et dans l'état de veille (Concerning suggestion in the hypnotic and in the awake state). Pans: Octave Doin, 1881

Binet, A., & Féré, C., Animal Magnetism. New York, NY: Appleton, 1888

Bowers, K., Tre livelli di coscienza: implicazioni per la dissociazione. In R. Klein & B. Doane (Eds.) Concetti psicologici e disturbi dissociativi. Lawrence Erlbaum Associates: New Jersey, 1994

Braffman, W., & Kirsch, I., Imaginative suggestibility and hypnotizability: An empirical analysis. Journal of Personality and Social Psychology,1999.

Braid, J., Neurypnology; or, the rationale of nervous sleep, considered in relation with animal magnetism. London, UK: John Churchill, 1843

Braid, J., The Physiology of Fascination and the Critics Criticized. Grant, Manchester, 1855

Bramwell, J. M., Hypnotism. London: William Riley, 1921

Brentar, J. & Lynn, S.J., 'Negative' effects and hypnosis: A critical review. British Journal of Experimental and Clinical Hypnosis, 1989

Capafons, A. Hipnosis clínica: una visión cognitivo-comportamental [Clinical hypnosis: A cognitive-behavioral perspective]. Papeles del Psicólogo, 1998

Capafons, A., Clinical applications of "waking" hypnosis from a cognitive- behavioural perspective: From efficacy to efficiency. Contemporary Hypnosis, 2004.

Cardeña, E., Alarcón, A., Capafons, A., & Bayot, A., Effects on suggestibility of a new method of Active-Alert hypnosis. International Journal of Clinical and Experimental Hypnosis, 1998.

Coe, W. C., & Ryken, K., Hypnosis and risks to human subjects. American Psychologist, 1979

Coe, W., & Sarbin, T., Teoria dei ruoli: ipnosi dal punto di vista drammaturgico e narrativo prospettiva. In S. Lynn e J. Rhue (a cura di) Teorie dell'ipnosi: modelli attuali e prospettive. New York: Guilford, 1991

Coe, W.C. & Sluis,A. Increasing contextual pressures to breach posthypnotic amnesia. Journal of Personality and Social Psychology, 1989.

Cooper, L.M., Hypnotic amnesia. In E. Fromm & R.E. Shor (Eds.), Hypnosis: Research developments and perspectives, Chicago:Aldine-Atherton, 1972

Crabtree A., Da Ipnotizzatore a Freud: il sonno magnetico e le radici della guarigione psicologica, Yale University Press, New Haven, 1993

Csikszentmihalyi, M., Applications of flow in human development and education: The collected works of mihaly Csikszentmihalyi. New York, NY: Springer, 2014 Dick, R. Van., Zitman., F.G. Linssen, A.C., & Spinhoven, P., Autogenic training and future oriented hypnotic imagery in the treatment of tension headache: Outcome and process. International Journal of Clinical and Experimental Hypnosis, 1991. Dillion, R., History ofHypnosis. Retrieved from http:// www. mobilehypnosis.co/HistoryofHypnosis .html, 2012

Drake CL, Roehrs T, Roth T. Insomnia causes, consequences, and therapeutics: an overview. Depress Anxiety 2003.

Du Potet De Sennevoy, J. D. , La magie dévoiletée (Magia svelata). Parigi: Pormmeret C Moreau, 1852

Dworkin, R. H., Turk, D. C., Farrar, J. T., Haythornthwaite, J. A., Jensen, M. P., Katz, N. P., ... Witter, J., Principali misure di risultato per Studi clinici sul dolore cronico: raccomandazioni IMMPACT, 2005

Echterling, L., Stadio contrastante e ipnosi clinica. American Journal of Clinical Ipnosi, 1989.
 Elliotson, J., Casi di cura per mesmerismo, Zoista 2, 1843

Erickson, M. The confusion technique in hypnosis. In E. Rossi (Ed.), The nature of hypnosis and suggestion: The collected papers of Milton H. Erickson on hypnosis: Vol. I. New York: Irvington, 1964

Erickson, M. , In E. Rossi e M. Ryan (a cura di) La vita si riformula in ipnosi: seminari e lezioni di Milton H. Erickson: Vol. 11. New York: Irvington, 1985

Erickson, M. e Rossi, E. Comunicazione a due livelli e la microdinamica di trance.

American Journal of Clinical Hypnosis, 1976 Erickson, M. La tecnica ipnotica interspersale per la correzione dei sintomi ed il controllo del dolore. American Journal of Clinical Hypnosis, 1966.

Esdaile, J., Mesmerismo in India e sua applicazione pratica in chirurgia e medicinale. Londra: Longman, Brown, Green & Longmans, 1846

Fisch, R., Weakland, J., & Segal, L. The tactzcs of change. San Francisco: Jossey

Bass, 1982 Friday, P.J. & Kubal, W.S., Magnetic resonance imaging: Improved patient tolerance utilizing medical hypnosis. American Journal of Clinical Hypnosis, 1990

Friedrich L., 'Die Hypnose als Heilmittel', Annalen der Städtischen Allgemeinen

Krankenhäuser zu München,1894

Fromm, E. & Nash, M.R., Contemporary hypnosis research. New York: Guilford Press, 1992

Fromm, E. Ego activity and ego passivity in hypnosis. International Journal of

Clinical and Experimental Hypnosis, 1972.

Gafner G. Clinical Applications of Hypnosis. New York: W. W. Norton, 2004. Gauld A., Una storia di ipnotismo, Cambridge University Press, 1992

Gdigan, S. Trance terapeutiche: il principio di cooperazione nell'ipnoterapia ericksoniana. New York: Brunner / Mazel, 1987

Grashey H. et al., Der Prozeß Czynski. Thatbestand desselben und Gutachten über Willensbeschränkung durch hypnotisch-suggestiven Einfluß abgegeben vor dem oberbayerischen Schwurgericht zu München, Ferdinand Enke, Stuttgart, 1895

Gravitz, M., Le prime teorie sull'ipnosi: una prospettiva clinica. In S. Lynn e J. Rhue (a cura di). Teorie dell'ipnosi: modelli e prospettive attuali. New York: Guilford, 1991

Grossmann, Die Bedeutung der hypnotischen Suggerimento als Heilmittel. Gutachten und Heilberichte der hervorragendsten wissenschaftlichen Vertreter des Hypnotis-mus der Gegenwart , 2nd edn, Bong & Co., Berlin, 1894

H. Wolffram, "Un oggetto di volgare curiosità": legittimare l'ipnosi medica nella Germania imperiale ", J. Hist. Med. Allied Sci., 2012.

Haley, J., Terapia non comune: le tecniche psichiatriche di Milton H. Erickson, M.D. New York: Norton

Hall H. Hypnosis and paediatrics. In: Temes R, editor. Medical Hypnosis: An Introduction and Clinical Guide. Philadelphia (U.S): Churchill Livingstone, 1999.

Hammond DC, Handbook of Hypnotic Suggestions and Metaphors. New York: W. W. Norton, 1990. Hartland, J., Medical and dental hypnosis and its clinical applications (2nd ed.).

London: Baillière, 1971

Heap, M., Another case of indecent assault by a lay hypnotherapist. Contemporary Hypnosis, 1995

Hearne K, Melbourne D. Understanding Dreams. London, UK: New Holland, 1999

Hilgard, E. R. The domain of hypnosis: With some comments on alternate paradigms. American Psychologist, 1973.

Hoencamp, E., Abuso sessuale e abuso di ipnosi nella relazione terapeutica. La Rivista internazionale di ipnosi clinica e sperimentale, 1990.

 Hofbauer, R. K., Rainville, P., Duncan, G. H., e Bushnell, M. C., Rappresentazione corticale della dimensione sensoriale del dolore. Diario di Neurofisiologia, 2001.

Jensen, M. P., Ehde, D. M., Gertz, K. J., Stoelb, B. L., Dillworth, T. M., Hirsh, A. T., Kraft, G., Effetti dell'allenamento di autoipnosi e ristrutturazione cognitiva sull'intensità del dolore quotidiano e catastrofica

Jensen, M. P., McArthur, K. D., Barber, J., Hanley, M. A., Engel, J. M., Romano, J. M., ... Patterson, D. R. (2006). Soddisfazione e effetti collaterali benefici di, analgesia ipnotica. Giornale internazionale di Ipnosi clinica e sperimentale, 54. doi: 10.1080 /0020714060085 6798

Kihlstrom, J. F., Ipnosi. Annual Review of Psycoogy, 36 anni, 385–418.doi: 10.1146/anure.ps.36.020185.00212 5, 1985

Kihlstrom, J.F. & Register, P.A., Optimal scoring of amnesia on the Harvard Group Scale of Hypnotic Susceptibility, Form A. International Journal of Clinical and Experimental Hypnosis, 1984

Kirsch I, Montgomery G, Sapirstein G. Hypnosis in aggiunta a psicoterapia cogni-tivo-comportamentale: una meta-analisi. J Consult ClinPsychol 1995.

Kirsch, I., Changing expectations. A key to effective psychotherapy. Pacific Grove, California: Brooks Cole Publishing Company, 1990

Kirsch, I., The social learning theory of hypnosis. In S.J. Lynn & J.W. Rhue (Eds.), Theories of hypnosis: Current models and perspectives, New York: Guilford Press, 1991

Kirsch, I., Suggestibility or hypnosis: What do our scales really measure?International Journal of Clinical and Experimental Hypnosis, 1997.

Kirsch, I., Cardeña, E., Derbyshire, S., Dienes, Z., Heap, M., Kallio, S., . . . Whalley, K. Definitions of Hypnosis and Hypnotizability and their Relation to Suggestion and Suggesitibility: A Consensus Statement. Contemporary Hypnosis & Integrative Therapy, 2011

Kline, M. V., La produzione di comportamento antisociale attraverso l'ipnosi: nuovi dati clinici. Rivista internazionale di ipnosi clinica e sperimentale, 1972.

Kluft, R., Trattare la paziente sfruttata sessualmente da un precedente terapista.

Cliniche psichiatriche del Nord America, 1989.

Lafontaine, C. L'art de magnetisme, Parigi: Baillière, 1860

Landolfi, E., Exercise addiction. Sports Medicine, 2013.

Levitt, R.E.,Aronoff, G., Morgan, C.D., Overley, T.M. & Parrish, M.J. Testing the coercive power of hypnosis: Committing objectionable acts. International Journal of Clinical and Experimental Hypnosis, 1975

Lindau P., Der Andere, Schauspiel in vier Aufzügen, I. Goldmann, New York, 1893 1990.

Lynn, S. Is hypnotic influence coercive? American Journal ofclinical Hypnosis, Lynn, S., Rhue, J., & Weekes, J., Involontarietà ipnotica: un'analisi cognitiva sociale. Revisione psicologica, 1990.

Lynn, S.J. & McConkey, K.M., Truth in memory. Guilford: New York, 1998

Lynn, S.J. & Rhue, J.W. (Eds.), Theories of hypnosis: Current models and perspectives. New York: Guilford Press, 1991

Lynn, S.J. & Sherman, S.J., The clinical importance of sociocognitive models of hypnosis: Response set theory and Milton Erickson's strategic interventions. American Journal of Clinical Hypnosis, 2000

Lynn, S.J., Myer, E. & Mackillop, J., The systematic study of negative post-hypnotic effects: Research hypnosis, clinical hypnosis and stage hypnosis. Contemporary Hypnosis, 2000. MacHovec, E. J., Complicanze di ipnosi: prevenzione e gestione del rischio.

Springfield, Illinois: C. Thomas, 1986

Manchikanti, L., & Singh, A., Oppioidi terapeutici: un decennio di prospettiva sulle complessità e le complicazioni dell'uso crescente, abuso e uso non medico di oppioidi. Pain Physician, 2008

Marmer MJ. Hypnosis in Anesthesiology. Springfield, III: Charles C Thomas Publisher, 1959

Martínez-Tendero, J., Capafons, A., Weber, V., & Cardeña, E., Rapid Self- Hypnosis: A new self-hypnosis method and its comparison with the Hypnosis Induction Pro-file.American Journal of Clinical Hypnosis, 2001.

Matthews, W. J., Kirsch, I., & Mosher, D., Double hypnotic induction: An initial empirical test. Journal of Abnormal Psychology, 2015

Mazzoni, G., Rotriquenz, E., Carvalho, C., Vannucci, M., Roberts, K., & Kirsch, I.,

Suggested visual hallucinations in and out of hypnosis. Consciousness and Cognition, 2009.

Mesmer, Franz A. and Bloch, George, Mesmerism: A Translation of the Original Scientific and Medical Writings of F.A. Mesmer. Los Altos, CA: W. Kaufman, 1980

Mesmer, Franz Anton and Frankau, Gilbert, Mesmerism By Doctor Mesmer, Being the first translation of Mesmer's historic Mémoire sur la découverte du Magnétisme Animal to appear in English (translated by V.R. Meyers). London: Macdonald, 1977

Mesmer, Franz Anton, Letter to Benjamin Franklin, prior to 1 November 1779. In The Papers of Benjamin Franklin, Vol. 31, November 1, 1779, through February 29, 1780

(edited by Leonard Woods Labaree et al.). New Haven, CT: Yale University Press

Mesmer, Franz Anton, 'Précis historique des faits relatifs au magnétisme animal jusques en avril 1781'. In F. A. Mesmer: Le magnétisme animal, avec des notes et des commentaires de Frank A. Pattie et Jean Vinchon (edited by Robert Amadou). Paris: Payot, 1971

Moll A, "Hypnotische Schaustellungen in Berlin", Dtsch med Wochenschr, 1894 Montgomery, G. H., Schnur, J. B., e David, D., L'impatto di suggestionabilità ipnotica in contesti di cure cliniche. Giornale internazionale di Ipnosi clinica e sperimentale, 2011

Morgan, A. H., Johnson, D. L., e Hilgard, E. R., La stabilità di suscettibilità ipnotica: uno studio longitudinale. Giornale internazionale di Ipnosi clinica e sperimentale, 1974

Nash, M., What, if anything, is regressed about hypnotic age regression? A review of the empirical literature. Psychological Bulletin, 1978.

O'Brian, R.M. & Rabuck, S.J., Experimentally produced self-repugnant behavior as a function of hypnosis and waking suggestion:A pilot study. American Journal of Clinical Hypnosis, 1976.

Oakley D, Alden P, Degun-Mather M. The use of hypnosis in therapy with adults.

The Psychologist, 1996

Obersteiner H., Der Hypnotismus mit besonderer Berücksichtigung seiner klinischen und forensischen Bedeutung, M. Breitenstein, Vienna, 1887

Ome, M., Un soggetto ipnotizzato può essere costretto a svolgere altrimenti inaccettabili comportamento? The International Journal of Clinical and Experimental Hypnosis, 1971

Orne, M.T. & Evans, F.J., Social control in the psychological experiment:Antisocial behavior and hypnosis. Journal of Personality and Social Psychology, 1965

Osborne, T. L., Patterson, D. R., Un confronto tra autoipnosi e rilassamento muscolare progressivo in pazienti con sclerosi multipla e dolore cronico. International Journal of Clinical and Experimental Hypnosis, 2009

Pargman, D., The way of the runner: An examination of motives for running. In R. Suinn (Ed.), Psychology in sports: Methods and applications. Minneapolis, MN: Burgess, 1980 2003   Patterson, D. R., e Jensen, M. P., Ipnosi e dolore clinico. Bollettino psicologico, Pérez Álvarez, M., La psicología clínica desde un punto de vista contextual [Clinical psychology from a contextual perspective]. Papeles del Psicólogo, 1968

Prokasy, W. e Raskin, D. Attività elettrodermica nella ricerca psicologica. New York: Academic Press, 1973.

Rainville P, Hofbauer RK, Bushnell MC, Duncan GH, Price DD. Hypnosis modulates activity in brain structures involved in the regulation of consciousness. J Cogn Neurosci 2002.

Rainville P, Price D. Hypnosis phenomenology and the neurobiology of consciousness. Int J Clin Exp Hypn 2008.

Rainville, P., Duncan, G.H., Price, D.D., Carrier, B. & Bushnell, M.C. Pain affect encoded in human anterior cingulate but not somatosensory cortex. Science, 1997

Reig, I., Capafons, A., Bayot, A., & Bustillo, A., Suggestion and degree of pleasantness of Rapid Self-Hypnosisand its abbreviated variant. Australian Journal of Clinical and Experimental Hypnosis, 2001

Rodolfa, E., Kraft, W., & Reilley, R., Tendenze attuali nell'ipnosi e nell'ipnoterapia: una valutazione interdisciplinare. American Journal of Clinical Hypnosis, 1985

Sarbin, T.R. & Coe, W. Hypnosis: A social psychological analysis of influence communication. New York: Holt, Rinehart & Winston, 1972

Seligman, M.E.P. (1995). The effectiveness of psychotherapy: The consumer reports study. American Psychologist, 50

Spanos, N.P. & Barber, T.X., Behavior modification and hypnosis. In M. Hersen, R.M. Eisler, & P.M. Miller (Eds.), Progress in Behavior Modification, New York: Academic Press Inc, 1976

Spiegel, H. & Spiegel, D., Trance and treatment: Clinical uses of hypnosis. New York: Basic Books, 1978 -1999   Stanton HE. Hypnotic relaxation and insomnia: a simple solution? Sleep Hypnos

Sternberg, S. Scansione della memoria: nuove scoperte e controversie in corso.

Trimestrale Journal of Experimental Psychology, 1975. Teichler J. W., "Der Charlatan strebt nicht nach Wahrheit, er verlangt nur nach nach nach Geld". Zur Auseinandersetzung zwischen naturwissenschaftlicher Medizin und Laienmedizin in deutschen Kaiserreich am Beispiel von Hypnotismus und Heilmagnetismus, Franz Steiner, Stuttgart, 2002

Truant, G., & Lohrenz, J., Basic principles of psychotherapy: I. Introduction, basic goals, and the therapeutic relationship. American Journal of Psychotherapy, 1993.

Turk, D. C., Wilson, H. D., e Cahana, A., Trattamento di cronico dolore non canceroso. The Lancet, 2011

Turner, J. A., & Chapman, C. R. Interventi psicologici per dolore cronico: una revisione critica. II. Condizionamento operante, ipnosi e terapia comportamentale cognitiva, 1982

Unestahl, L.-E, Hypnosis and posthypnotic suggestions. Doctoral dissertation, Uppsala University. VEJE Publications, Inc, Orebro, Sweden, 1973

Unestahl, L.-E. (1979), Self-control through mental training. Orebro, Sweden: Veje

Publishing Inc., 1979

Unestahl, L.-E. Hypnosis in theory and practice. Orebro,Sweden: VEJE Publications, Inc, 1982

Van Mens-Verhulst, J. Prospettiva del potere nelle relazioni terapeutiche. American

Journal di psicoterapia, 1991

Venn, J., Misuse of hypnosis in sexual contexts: Two case reports. American Journal of Clinical Hypnosis, 1988.

Venn, J. Uso improprio dell'ipnosi in contesti sessuali: due casi clinici. American

Journal of Ipnosi clinica, 1988 - 1893   Vincent, R. H., Gli elementi dell'ipnotismo. Londra: Kegan Paul, Trench 7 Treubner, Virchow R., Die Gründung der Berliner Universität und der Uebergang aus dem filosofischen in das naturwissenschaftliche Zeitlalter, 1893

Wagstaff, G. The semantics and physiology of hypnosis as an altered state: Towards a definition of hypnosis. Contemporary Hypnosis, 1998. Wark, D. M. Alert hypnosis: History and applications. In W. J. Matthews & J. H. Edgette (Eds.), Creative thinking and research in brief therapy: Solutions, strategies, narratives, Philadelphia, PA: Brunner/Maze, 1998 - 1957.

Weitzenhoffer, A. Tecniche generali di ipnotismo. New York: Grune e Stratton, Williams, G. W., Difficulty in dehypnotising. Journal of Clinical and Experimental Hypnosis, 1953.

Wolffram H., I figliastri della scienza: ricerca psichica e parapsicologia in Germania, Rodopi, Amsterdam, 2009

ALBERT GRIESMAYR

BOOK SALES EXPLOSION

HOW TO 3X YOUR BOOK SALES USING THE 32 HOTTEST BOOK MARKETING TACTICS OF 2021

Copyright note:

Disclaimer [General]:

Disclaimer [Thumbnails & External Sources]: